影响力的底层逻辑

Real
Mark Goulston
John Ullmen
Influence

[英] 马克·郭士顿 约翰·厄尔曼 著
谢幕娟 译

Persuade
Without Pushing
and Gain Without
Giving In

九州出版社
JIUZHOUPRESS

谨献给

沃伦·本尼斯（Warren Bennis）
萨缪尔·卡尔伯特（Samuel Culbert）

序　言

当今世界，无论是个人生活还是职业生涯，都有赖于"生命线"关系的打造。而单打独斗未必走得通这条路，你还需要打造一个与你志同道合且始终支撑陪伴你左右的梦之队。

想通过操纵控制、颐指气使来达到这个目的？恐怕很难。事实上，在社交网络席卷全球的时代，不真诚的所谓沟通技巧或套路所造成的负面影响，分分钟就能摧毁你苦心经营的社会关系和口碑。

真正的影响力并非如此。真正的影响力，随时间的累积催化而不断增长，不断吸引越来越多的人聚集到你的周围。这是因为真正的影响力并非只是让你得到你想得到的。它同时还意味着，确保那些对你很重要的人也得到他们想要的。

当你发挥真正的影响力时，起初你或许身无分文、人微言轻，抑或举目无亲。马克和约翰在本书中论及的人物主角，往往一开始都是囊中羞涩之辈。其中一两人还是刚刚来到新的国家，可谓是人生地不熟。然而仅仅过了几年时间，他们便都成了"举足轻重之人"。

在本书中，马克和约翰会把他们是如何做到这一切的关键毫无保留地与大家分享。除此之外，他们还会教大家如何更真实地面对自己的方法。

谈到真正的影响力，我想不出还有比马克和约翰更好的导师。约翰是一位无与伦比的高管教练，其客户包括苹果、思科、迪士尼、耐克、雷神公司、菲多利（百事子品牌）、美林银行、强生、美国国家航空航天局（NASA）、圣犹达儿童研究医院、基因泰克和雅马哈等众多知名企业和机构，其在加州大学洛杉矶分校管理学院的课程更是备受追捧、座无虚席。而马克，除了是临床医生和畅销书《倾听的力量》的作者外，也是全球最受追捧的高管教练之一，服务过包括通用、IBM、美林银行、施乐、德意志银行、君悦酒店、埃森哲、阿斯利康、英国航空、ESPN、联邦快递和FBI等。同时，他也是法拉奇绿光公司的思想领袖之一。

可别让马克和约翰的自谦之词把大家忽悠了。他们正是通过字里行间倡导的慷慨、透明、诚实正直的行为，才赢得如今在世界范围内的影响力。因此，他们的高朋和同事伙伴遍布全球各地，鄙人能成为其中一员，深感荣幸。

而此时此刻，正捧着这本书的你，无疑也是非常幸运的。因为当你开始运用书中的"联结—影响力"模型，自当获得事半功倍的效果，大大提升你的个人口碑，让你获得打造"支持者梦之队"的能力。除此之外，它还将让你生命中的各种人际交往都变得愈加丰盈。

这便是真正影响力的威力——正如马克和约翰即将告诉你的，这种影响力已在你的掌心，触手可得。

基思·法拉奇

引 言

明明想了一个好主意，别的人却总是不买账；想要促成销售交易，却总是不能成功；或者想要对他人发挥点影响力时，但总是碰壁——你曾因这些事情感到沮丧吗？

有这种经历的人，绝非个例。身为高管教练，我们深知，当今社会想要对他人有所影响，比过去要难得多，因为过去的那些"服人"套路已经不再管用。

如今，我们生活在一个后销售、后真相的世界。随着人们对那些操纵人心的把戏了解得越来越多，其防备心理也越来越强。互联网、电视广告、挨家挨户地推销，已经让我们对那些骗人的套路和强行推销的做法，越来越持怀疑的态度。只要你使用"强行灌输"的套路，无论是你的客户，还是你的同事，甚至你的小孩都能一眼识破……而且，如果你使用这种办法，他们只会加倍排斥。

然而绝大部分的书籍和商学院课程，都只会教那些以操控人心的套路和方法为主的说服技巧。在他们的理解中，影响力就是通过某些技巧好让别人按你的方式来做事。这种方式只重短期收益，却忽视了长期后果。

我们称这种过时的策略为"非联结型"影响力。这是一种短视的策略，偶尔也能让他人"买账"，但很多时候往往是以关系和名誉受损为代价。而且，这种策略会让你无法形成深厚的、变革性的人际关系，此类人际关系正是日后在事业和生活中取得成功的关键。

想要践行这种能改变未来的影响他人的方法，就需要从"非联结型"影响力转为"联结型"影响力。当成功实现这一转变，就相当于为形成强大的、可持续的影响力奠定了坚实基础，成为其他人热衷追随的人。那些人可不只是一致决定要支持你那么简单，他们还会前赴后继地帮助你实现壮志雄心，并在任何你需要帮助的时候站在你身后。

在本书中，我们把"联结型"影响力的关键因素提炼成为一个简单的四步模型，帮助人们取得广泛的成功，成为既能影响他人又愿意被他人影响的人。我们已经帮助成千上万的人掌握了这四个步骤，在这一过程中，帮助他们成功挽救公司、增加销量、实现他们自己都认为遥不可及的商业目标，或者打开人际关系的全新局面。

不过，本书并非只是我们个人的经验想法总结，我们还采访了100余位举足轻重的人物，他们同样在自己的生活中实践了这些步骤。这些重要人物每天都发挥说服的力量改变着世界。他们或在跨国公司指点江山，或是为慈善机构筹集数百万计的善款，帮助救治癌症儿童，或努力拯救我们的地球。他们的个人生活也极其成功，其人生故事显然是展示"联结型"影响力所拥有巨大威力的最好明证。

在你阅读这些故事的同时，我们希望提醒您记得以下这些内容：无论你是谁，面临何种处境，你都可以参照这些成功人士的做法。事实上，本书教给我们最重要的事情就是：任何人都能对另外的人产生正面影响，无论两者之间的经历、身份地位、年龄、收入或权力的差异多么悬殊。我们要谈论的这些成功人士，并非从一开始就能建立强大的人际联系，但他们知道如何一点点地塑造与他人的联系，以及如何强化和加深这种联系。这些成功人士的经历让我们知道，每个人都拥有影响他人的巨大潜力，完全没有必要自我设限。当你掌握书中介绍的这些步骤，你就足以对任何人施加影响力，甚至是那些"一切皆在其掌握"的人。

本书并不会告诉你，通过愚弄、操控，或者践踏他人便能达到某些目的，而是教你如何成为你自己以及那些你生命中重要的人希望你成为的那种人。当你在人际关系中，开始更多地考虑给予而非得到，考虑增加价值而非索取价值，这项投资得到的回报定将让你大为惊喜。

当你将本书中的理念应用在个人生活中，也就意味着你学会了本书中所有影响力"大咖"们所掌握的东西。"联结型"影响力将让你大为受益，而且随着时间的推移，"联结型"影响力会在你的生活中产生复利效应，为你带去不可思议的美妙结果。

目 录

第一部分 难题：为何你还在费尽心思地想要影响他人

第一章 "非联结"的危险　3
大脑里的后视镜　8
解决方法：超越你的盲区　13

第二章 让你"非联结"的四大陷阱　17
战或逃反应　18
习惯障碍　22
感觉上正确，实则错误　26
信息的双重诅咒　30
通过重写软件来避免硬件陷阱　34

第三章 建立联系和影响他人的四部曲　35
行动中的联结型影响力　41

第二部分　愿景远大：大池塘才能钓大鱼

第四章　结果："得过且过"还是"无与伦比"　47
如何让竞争对手服务于你的目标　49
卓越成果不一定需要庞大投资　52

第五章　声誉：胆小鬼也能变身大人物　59
声誉是一点一点挣回来的　65

第六章　人际关系：好人缘更容易得到好结果　77
让人际关系摇滚起来　79
锦上添花还是雪中送炭　81
用美捷步的方式打造关系　83
与"胖脑瓜"为伍　85
深耕人际关系胜过一味发号施令　88
影响力达到巅峰该如何打造关系　90
R&R 测试　91

第三部分　用心倾听：眼睛看不到的地方，耳朵却听得到

第七章　设身处地，聆听弦外之音　97
星巴克如何让乐坛传奇重回巅峰　98

　　　　一位聋哑音乐家的学习式倾听　　103

第八章　掌握最高级倾听　107

　　　　第一层次：逃避式倾听＝充耳不闻　108
　　　　第二层次：防御式倾听＝只听某个点　108
　　　　第三层次：问题解决式倾听＝用脑听　109
　　　　第四层次：联结型倾听＝用心听　110
　　　　第四层次倾听的艺术　111
　　　　倾听他人，其实也是认识自己　113
　　　　人有时需要一位心灵清洁工　115
　　　　用第四层次的倾听，戴夫赢得麦当劳订单　121

第九章　愿意被影响，才能快速影响人　127

　　　　耐克的至暗时刻　130
　　　　人脉账户只有盈亏，没有胜负　133

第四部分　转换立场：拆掉思维里的墙

第十章　用联结三部曲调整大脑的默认设置　143

　　　　情境觉察：理解对方的处境　144
　　　　个人觉察：理解对方的心思　145
　　　　解决方案觉察：理解最适合对方的行动路径　146

让愤怒的民众变成感激的听众　147

同事升职，如何庆贺　151

第十一章　激将法，让谈话"活"起来　159

七个小矮人策略　160

客户没有问，可他们心里会想　163

第十二章　会说 7 个词，就能与老外聊起来　171

跨文化沟通的 7 个关键词　172

跨越年龄障碍　177

第五部分　多做一些：切饼之前，先把饼做大

第十三章　不得到结果，绝不回头　187

员工是不可轻易更换的齿轮　189

汽修工如何成为博士　193

你准备好"重量级感谢"了吗　199

第十四章　增加价值的三条黄金渠道　205

第一次见面，就让对方感受到影响力　206

调整情绪　208

在相互影响中，点燃价值火花　213

第十五章　如何邀请他人做得更多　219
　　客串讲演者的最佳表现　220
　　让爱心在花园中绽放　224

第六部分　逆境中，如何顺利发挥影响力

第十六章　把脆弱说出来，才能听到坚强　231
　　你会怀疑自己吗　232
　　角马凭什么成为王者　237

第十七章　让路，也是一门艺术　243
　　安全交接接力棒　244
　　帮助他人成事，影响他人做人　246

第十八章　从"我错了"到"我错在哪里"　251
　　明智地闭嘴　252
　　英雄的弱点　254
　　重量级道歉　257

第十九章　心怀感恩，才能向外影响　261
　　好市多首席执行官的成功秘诀　263
　　肯·布兰佳的精神偶像　266

第一部分 难题：为何你还在费尽心思地想要影响他人

你可以通过欺骗和操控等手段获得他人短暂的顺从，但"非联结型"影响力，无法让你获得伟大成功所需要的始终如一的支持。为什么？因为当你沉迷于眼前的蝇头小利，你便无法帮助他人到达彼岸——而你如果想有效地说服他人，这是必须要做的事。在第一部分，你将了解"非联结型"影响力的风险以及很容易陷入的四个陷阱。当然，我们还会与你分享成为一位举足轻重人物的秘密：只需简单四步，便能收获"联结型"影响力。

第一章 "非联结"的危险

一旦引起他人抗拒,就不可能再有影响力。

——J. S. 诺克斯《成功的原理》

你是否曾经试图让别的人做某件事情,这件事对他们自己有利,对你有利,对项目团队有利,或者对公司有利,抑或对其家庭或你的家庭有利,甚至于说对这个世界有利,结果却以失败告终呢?

你很有可能是一番好意。你的观点有充足的事实依据。可能你还设置了最后期限,予以利诱或者威逼。

你竭尽全力,对方却依然故我。

这种经历自然不甚愉快。但更糟糕的是,这种事情可能一而再再而三地发生。它可能发生在成千上万像你一样聪明、善良、有创造力的人身上。甚至于即便这些优秀的人站在正确的立场——他们带着绝佳的想法，有令人振奋的目标，抑或完全是一番好意——却还是没能起到作用。

假设他们是经理的角色，他们无法在团队内部激起任何一点火花。而如果他们从事销售，则很可能做不出什么亮眼业绩。若是在情感关系中，也很难让伴侣或者孩子同意他们的观点。即便他们想出了能让整个世界变得更美好的主意，也没有任何人甘愿聆听。

本书就是为这样的人而写。

如果你是其中之一，也就意味着你现在用来影响他人的方法并不奏效。他人对你的目标愿景无动于衷，也不愿意帮你去传播分享你的所谓目标。究其原因，就是：绝大部分人，绝大部分时候，并不会因为你想让他们去做某件事情而感到心潮澎湃。他们感受不到你的急切，他们忙于按照自己的价值排序确定轻重缓急去做事情，又或者有一些隐藏的动机导致他们拒绝你的观点。

要突破这些障碍，你需要建立一种强有力的人际关系，这种关系能够让人们心甘情愿去做你想让他们做的事情。但事实上你却力有未逮，因为你的想法是这样的：

"我如何才能让我的老板……"

"我如何才能让我下面的团队……"

"我如何才能让这个客户……"

"我如何才能让我的伴侣……"

"我如何才能让我的孩子……"

"我如何才能让这位面试官……"

这些都是"非联结型影响"的典型案例。显然，此路不通。

当然，表面上看，这种"非联结型影响"完全说得通。你不过是想搞定一个人、一件事情。解决最主要的问题当然至关重要。你分析了一下形势，看到有些问题需要解决，或者有些错误需要被纠正。也许是你的项目团队做了一个愚蠢的决定。又或者是你的老板需要筹集更多资金支持你的项目。也许是你的女儿跟一个你觉得不合适的人约会。又或者是伴侣的盲目开销超出了家庭预算。

但如果你把影响力视为"让别人按我的想法去做"，那么你的影响力其实会大打折扣。这是因为，一旦你把试图影响的某个人当作目标，当作一个靶子，当作要去推动或者拉动的对象，**就意味着你并没有真正倾听对方要传递的信息**。而对方要么立刻认识到这一点，要么是后知后觉然后竭力抵抗——即便你得到了短暂的顺从。

"非联结型影响力"是许多商学院传授的内容。绝大部分学者专家教的也都是这一套。但如果你所图甚大，并且需要长期的追随，这么做就无异于饮鸩止渴。

要说清楚个中缘由，我们先来听一个故事。不过提前说明：这个随堂故事可能让你大吃一惊。

斯科特是某大型跨国医疗集团的一个经理人。他今天要外出参加一场战略会议。

斯科特跟负责整个部门的副总裁马克斯有着深厚的工作友谊。马克斯欣赏斯科特的聪明能干、商业嗅觉和并不会让人不舒服的直接坦率。他认为斯科特是整个团队里"最诚实的经理人",马克斯认为关键时刻是能仰仗斯科特去说真话的,哪怕说真话本身有些冒险。

今天的会议上,有一个跟新人招募有关的重要议题。马克斯快速做了决定,并提出直接进入下一个议题。

这时候斯科特却站了起来:"等一下,我们能再仔细研究下这个决定吗?毕竟这件事情牵一发而动全身。"

"这事已经讨论过了,"马克斯说,"我们继续下一个议题。"

斯科特知道马克斯正在犯错误。新招聘员工的岗位分派对于马克斯团队的表现有重要影响。还有好几个问题都要郑重考虑,审慎决策。斯科特和马克斯之前讨论过一个令人振奋的新项目,而当前的这个决定则会让那个项目难以落地。

斯科特小心翼翼地开口。"但马克斯,"他冷静又不失尊重地说,"我们还是先来讨论几件我想大家都认为很重要的事情,这也是为整个公司好。"

马克斯不容置疑地说:"斯科特,我已经做了决定。"

斯科特非常不解,但他知道自己的坚持没错。他又不是想挑选斗牛,也不是为了比赛得分。他不过是希望能阻止马克斯做出一个有损于整个团队的决定而已。没有人站起来附和,但他知道马克斯等事情过后肯定会欣赏他的这种敢说敢言。就看他了。

所以他又开口了:"我明白,只是我觉得这样有助于……"

马克斯严肃地打断了斯科特的讲话:"够了。我们继续往下面讲。下一个议题是……"

斯科特愣住了。他觉得自己没有价值且不被尊重。他不过是试图做一件正确的事情,而且他也有充分的知识和能力解决所担心的问题。斯科特非常沮丧,他往后一躺,双手交叉抱在胸前。马克斯耍这种官威,针对一个复杂议题却草率做了决定,还粗鲁地打断他的话,这一切让斯科特很生气。尽管他没有表现出来,但他心里真的很不开心,等会后他一定得把这些情绪发泄出来。

上面这种局面显然让人不悦,事情很可能还会变得更糟糕。这种分歧可能会让一个原本关系密切、十分团结的团队分崩离析,甚至让像斯科特这样表现优异的得力骨干生出离职的想法。

但事实上,搞砸这一切的不是马克斯。

而是斯科特。

■ 大脑里的后视镜

看上去斯科特是一个理智的、不卑不亢的经理，当上级领导利用权威我行我素时，斯科特也不过是有理有据地提出自己的观点而已，可为什么说问题出在他身上呢？

因为，斯科特正在犯一个危险的错误。他在施加的正是"非联结型影响力"——"我如何才能让马克斯按照我的想法去做？"他全程只关注自己的观点输出，因此，无法与马克斯建立起真正的情感联结。而这也意味着，他是被自己大脑的盲区控制了。

我们来试着类比一下，想象此刻你正驾车在高速公路上行驶，透过挡风玻璃、前后视镜，周围的一切都落入你的眼帘。前路畅通无阻，于是你转入了另一条车道。

下一秒，你感觉砰的一下，耳边是刺耳的金属摩擦声。你的心一下子跳到了嗓子眼，你意识到自己擦到了一位从后面冲过来的摩托车司机。在你的视野里，这是一位"不知从哪冒出来的"不速之客。但他其实一直都在这条车道上行驶。只是你没有看到他，因为你没有检查自己的视野盲区。

这跟影响力有什么关系呢？其实，人的大脑不止是开车时存在盲区，在"影响"他人这件事情上，也同样存在盲区。就像那个变道前不曾确认自己的盲区是否有车的司机，一旦你被自己的观点挡住视线，那么就危险了。

施加所谓的"非联结型影响力"时，你其实是被我们说的

"个人立场"困住了。你可以清楚地看到自己的处境，自己坚信的事实观点，以及你自己的想法和意图。但是如果要跟你试图影响的其他人建立感情联结，你需要从我们说的"他人立场"看待一切。你需要清楚地看到他们的处境，他们的事实观点，以及他们的想法和意图。而如果你看不到这一切，就无法触及"他人立场"。从你的视角看出去，那些人就相当于小透明，是看不见的——就像那个被撞到的摩托车手。

我们再说回斯科特。因为他只关注自己要表达的观点和信息，一味从自己的角度出发进行沟通。所以，在触及马克斯的立场这件事上，他的大脑也就出现了盲区——而这正是他陷入麻烦的地方。

会后，斯科特和马克斯确实进行了一场谈话，但事情并没有像斯科特所预想的那样。斯科特原以为马克斯会跟他表示歉意。可让他意外的是，马克斯关上门之后，只是不动声色地说了句："坐吧。"目光扫向斯科特。

"我给你传递的明确信号，被你忽略了，"马克斯说，"你知道我很尊重你的意见。你知道的，我通常不会贸然打断你的发言。你也知道我向来不会冲动鲁莽地做决定。所以你应该意识到，我这么做肯定有我的道理。"

事情背后的原因是，上级领导正计划对组织架构进行调整，而即将进行的调整势必会影响斯科特的同事和他们的团队。事情还没有完全解决，管理层一致决定在做出最终决定前对相关事宜进行保密。马克斯知道，一旦对新招聘员工开展讨论，定会将他推到一个道德的困境，因为他将不得不说一些违心假话才能达到保密的目的。

"你一直揪着这事不放，让我很恼火，"马克斯说，"但我知道你的行事风格就是这样——一般情况下我也很欣赏你的这一点。但真正让我失望的是，事后你竟为此大为光火，拒绝我的好意。这是很不成熟的做法。"

三个月后，在斯科特的新一轮绩效评估中，除了跟以往一样的优秀评分和评价外，还第一次出现了批评的话："不过，有时候当事情不如斯科特的意时，他的表现不甚成熟，容易生气。"

斯科特在会上犯了一个很大的错误，因为他没有接收到马克斯释放给他的紧要信息。他笃定自己正确有理，压根儿只考虑一个问题："我要如何阻止马克斯做这件事？"但他完全忽略了另一个真正重要的问题："马克斯为什么这么做？"结果就是，他亲手破坏了跟马克斯为团队共同规划的创意项目，而且造成了可能会一直存在的隔阂。

这种错误并不少见。事实上，任何人只要是从"我的立场"出发去处理事情，造成这种结果就几乎是必然的。本质上来说，这代表你正在错过一些重要的线索，而错过的线索正是影响另一个人的关键所在。

还有不得不指出的一点是：当你觉得自己一番好意时，往往最容易犯这种错误。请注意，斯科特搞砸这一切，并不是因为他为自己争取利益或者说不考虑团队利益。事实上，当众挑战马克斯是需要很大勇气的。但他还是这么做了，因为他知道自己是对的。

这正是最讽刺的地方：一番好意却经常让好人走到错误道路上。实际上，这种好意往往让我们的盲区变得更大。当你觉得自己一定要做对的事情时，就很容易变得不容置疑，也不容易听进去别人试图告诉你的信息。更糟糕的是，坚信自己是正确的这种信念，还很容易让人利用套路、权威、控制等手段去获得他人暂时的顺从。

换句话说，好的意图往往会造成一种认知和情绪上的懒惰。我们会拿那些看似高尚的品德当借口，以此掩盖我们并没有花时间去了解其他人的想法和事情来龙去脉的事实。目的本身自然是没问题的，但这种"好意"却让人带着一种盲目的自信横冲直撞。它让我们相信，我们不需要听别人讲话或从别人那里借鉴学习，事情也不存在其他选项或第二种选择，只有我们的打算才是最佳计划，所以无论使出何种手段，只要能达到目的就是对的。往往这种时候，我们几乎都是错的。

那么，如果说我们的确没错呢？那已经不重要了。我们还是输了。

这是因为，即便我们意在为所有人谋福利，但别的人绝对不会喜欢这种堵到嗓子眼的所谓好处。他们真正想要的是达成一致，一起努力，并且得到我们的重视。没有人会喜欢被人强行灌输观点。即便我们使用某种强力，让他们此时此刻做我们认为对的事情，但事后他们还是会觉得恼火……而且这种愤怒一定会四散传播。

不少人都提到过，当一个人试图从表面的倾听转向不自然的说服影响时，别人往往能明显感受到气氛的变化。他们感觉自己是被忽悠得放下了防备，所以一旦察觉到这种明显出于一己私利的倾听或影响时，他们便会立刻转向一种防备的心态。（"嘿，乔伊，这么多年没见，很高兴能再跟你聊聊天。我们以前在一起玩得很开心，对吧？反正，我知道你现在工作做得很不错，说来也巧，我正想去你们公司谋个职位呢……"）

即便你的方法更巧妙委婉一些，人们还是能察觉到："好吧，你看似跟我嘘寒问暖，其实都是为了你自己。那接下来，很可能也会迫使我去做一些我不想做的事情。"一旦对方意识到你只是把他们当作获得利益的工具而非真正的人看待，他们自然会觉得十分沮丧。

很多专家推崇的操控人心的影响力技巧存在的最大问题是，那些技巧往往是基于社会科学试验。那些实验通常在人们服从之后便结束了后续实验测量，没有人再关注试验做完之后的后果。但真实的生活是一张错综复杂的关系网，一个人的清誉也好恶名也罢，都会传播得比最初的交往者更远。在现实世界里，人与人之间的关系从来都不是孤立隔绝的。你做的任何事情，都可能影响到你未来很长一段时间的人际交往，以及你的名誉口碑。

■ 解决方法：超越你的盲区

在一个需要千方百计赢得他人注意力的忙碌时代，用一些小套路让别人愿意听你说话，这无伤大雅。但一旦别人开始听你讲话，你就不能再有任何欺骗。一旦对方察觉到你只关注自己的观点却听不进去他们的想法，他们便会略带敷衍地随意配合你——仅此而已。而当下一次你再需要他们时，你会发现他们已经离你而去。

要真正打动这些人，赢得他们长期的支持，你需要暂停"推动"键，停止"兜售"你的想法，不再把注意力只放在你想让他们做的事情上，并停止使用一切的花招或技巧。

相反，你要用能够激发对方真诚沟通的方式去渗透你的影响力。看到他们想做的事情，并将其纳入你的目标当中。你需要动员他们跟你一起努力，实现了不起的成果……也就是说，你得从"他人立场"出发。这就是打造长期关系的秘诀，也是实现宏大目标的秘诀。下面是一个典型的例子：

吉赛尔·切普曼想找一份医药销售代表的工作，但每次面试都不成功。

吉赛尔问对方自己被拒绝的理由是什么。每一次,她得到的都是一样的答案:经理需要至少有两年医药销售经验的人。

于是,她又接着问了一个问题:为什么两年工作经验那么重要?

面试官回答:"因为有经验的医药代表能见到医生的机会更大。而那些医生正是我们的关键客户。要摸清楚医院各大办公室的环境需要时间,掌握引导话术需要时间,跟那些有影响力的人建立关系并最终见到医生,更需要时间。"

吉赛尔闻言,回道:"谢谢!"

几天之后,她去了一栋医院大楼,直接坐电梯去到最顶层。她从最顶层开始,一层一层往下走,去到每一层的办公室都问:"我可以跟你们接待医药代表的负责人聊聊吗?"大多数情况下对方都表示可以,还有几次找到的人刚好就是医生。于是她对那些医生说:"我正在做一项访谈研究,主要是想了解哪些方面做得好,哪些还需要改变,以便更好地提升服务。"

不久之后的一场面试快结束时,吉赛尔问:"这个职位不考虑我还有其他原因吗?"再一次,负责招聘的经理还是说她缺少工作经验。

吉赛尔问:"如果我能够成功见到各大医院的医生,你们是否有信心通过其他方面的培训,让我成为这个行业的佼佼者?"

招聘经理说"那当然",——他们拥有整个行业最完善的培训体系。

吉赛尔于是说:"上周我见到了10位医生,即你们的客户。你想知道我从中了解了哪些信息吗?"

"什么信息?!"

吉赛尔说:"上周我跟10名来自不同科室的医生见了面,并整理汇总了他们想从医药公司得到却暂时没有被满足的要求。不知您是否对这些有兴趣?"

招聘经理说:"你还没有进入任何一家公司,也没有名片,竟然能见到医生?如果这一切属实,别动。我得在你去我们的竞争对手那面试之前把你招进来。"

吉赛尔·切普曼成功进入了百时美施贵宝(Bristol-Myers Squibb)公司,这也是当时全球领先的一家医药公司。后来,她不仅成了首屈一指的医药代表,还成立了自己的咨询公司。

吉赛尔赢得她的第一份医药行业工作机会,是因为她做了其余应聘者从来没做过的事情:她从自身,也从面试者的角度出发,规划出对两者都有利的结果。她从自身情况(我很聪明,我说到做到,我想拿下这份工作)出发,并以面试官的需求(我们需要一个能见到医生并了解医生想法的人)作为落脚点。当她做到了这一点，也就成功吸引到面试官的注意力，并主动讲述自己能贡献的价值，所以最后成功拿到了想要的工作机会。

当然，我们并不是说像这种类似的"联结型影响力"不费吹灰之力就能实现。事实上，我们想要告诉大家的是，要做到吉赛尔做的事情需要付出很多努力。这意味着要超越"什么对我有利"的局限性思维，并转向"什么对所有人有利"的利他性思维，还意味着要把眼光放长远，注重长期利益而非取得短期的所谓胜利。

如果你也正面临类似的挑战，我们就来看看如何通过吉赛尔的方法帮你顺利通过面试，激励团队或家人，抑或是兜售你的想法。一旦你按照我们列出的步骤去做，便会从"非联结型影响"转为"联结型影响"……而且，就跟那些我们采访的众多大人物一样，你也将从此改变与他人的关系，甚至你的整个人生。

在下面的章节中，你会看到我们采访的大人物们，是如何利用"联结型影响力"实现自己的目标的，从说服雷·查尔斯（Ray Charles）录制他令人惊叹的最后一张唱片，到让耐克不至于犯下可能损失数百万美元的错误。不过首先我们还得明确一件事情。要想成为一个有很大影响力的人，你需要打破一些坏习惯，意识到阻止你成功的人性的四大陷阱。

第二章　让你"非联结"的四大陷阱

> 变化的不是外在事物，而是我们自身。
>
> ——亨利·大卫·梭罗

当你开始践行"联结型影响力"，你会发现全新的机会出现在生活里。这可不仅是让别的人按我们的想法做事，更重要的是赢得他人长此以往的支持，无论是你的团队成员，还是你的商业伙伴、公司同事、客户，抑或是你的家人。

不过在实现这一目标之前，你需要先弄清楚从何处开始。也就是说，你得意识到自己还有几个不容忽视的包袱。

随着你掌握"联结型影响力"模型的各项组成部分，也就会逐渐摆脱让你"非联结"的坏习惯所造成的四种"坏影响"。我们将其称为"人性陷阱"，而且你很难完全摆脱这些陷阱，因为它们已经深深植入大脑——不过只要你能意识到自己正落入陷阱，便能提高避开这些陷阱的可能性。现在我们就来看看这四种陷阱是什么，以及它们为什么会如此危险。

■ 战或逃反应

首先让你"非联结"的第一个人性陷阱听上去可能有些不可思议。但事实的确如此：因为你是动物。

更准确地说，你只有一部分是人——尤其是当你遭受压力的时候。如果你读过马克的书《倾听的力量》，大概就能明白我们现在说的是什么。不过即便你对这种理论并不陌生，也请跟我们一起往下看，因为我们希望提供给你一个全新的角度。

我们先来看一个小故事：事实上，你拥有的不是一个大脑，而是三个。这是因为大自然母亲花费了成千上万年的时间调整打磨人类大脑的硬件和软件。但她的调整方式并不是扔掉过去的那些旧零件，而是在此基础上进行增加和补充。

因此，你的大脑也就分成了"三层"，每一层都有其特定目的。你的爬行动物脑主要负责战或逃反应，哺乳动物脑关注情绪，而人类脑则注重逻辑。

绝大多数时候这都是一个非常行之有效的运行系统，因为大脑的每一部分都清楚对应所负责的东西。当你在表格中输入数据时，此时运行的是人类脑；而当你抱着一个小婴儿满心欢喜时，这是你的哺乳动物脑在工作；而要是一辆小汽车突然拐弯朝你开来，爬行动物脑则会发出"快跑"的呐喊。

问题在于，有时候你的三个脑可能会彼此影响、彼此妨碍，尤其是当你遭受压力时。

每当这种时刻，大脑中的情绪感应器便会唤醒杏仁核使其变得异常活跃，造成丹尼尔·戈尔曼博士所说的"杏仁核劫持"现象。一旦杏仁核被劫持，就好像你的三个脑之间断了联系，各自为政。这时，你就相当于是人类、哺乳动物、爬行动物的结合体，而人类只能在其中发挥一部分的影响力。

更糟糕的是，随着焦虑升级，已经存在于大脑中2.45亿年的爬行动物脑"战或逃"模式便会逐渐占据上风。这意味着，你将无法再基于当下所发生的事实去做判断。相反，杏仁核会让你按照一种古老的、接近本能的模式去进行反应。你的思考逻辑完全被打乱，情绪保持在一种亢奋状态，行为开始回归原始。

这会迅速造成一种恶性循环，因为你变得越像爬行动物，你的杏仁核就越兴奋。用不了多久，你的人类脑和哺乳动物脑就会完全被排挤出去。所以你不仅在逻辑上无法与他人形成联结，在情感上也无法获得共鸣。相反，你关注的只有自身立场，你想的是要么就逃离那些给你造成困扰的人，要么就伤害他们。

当然，现今时代的办公室会议和电话会议场景在时间与空间方面，与史前巨兽猎捕猎物的情境还是大不相同，爬行动物脑的原始反应还是那时候形成的。但你的神经系统并不理会这些。它无法区分一头暴龙和一个暴躁的老板之间有什么区别。所以杏仁核劫持很可能不会让你尖叫着跑出会议室或者用棍棒击打某个人的头，但它极有可能会在纯生理学意义上让你"失去控制"。

一旦如此，你必然会选择战或逃这两种基础性策略中的一种。不幸的是，这两种策略都存在巨大的缺陷。

第一种是"逃"——"走开"。这是一种回避和被动的策略，不具备任何影响力。明明采取行动对你更有利，但这种选择策略会让你避开"战斗"或者愣在原地放弃抵抗。它是一种有条件的投降、妥协，或者说避免选择、风险、机会的方式。

第二种是"战"——"去施加压力"。也就是试图推动、劝诱、说服，或强迫对方顺从你的意思。

PUSH（推动）状态经常容易犯的四个错误如下：

P（Pressing）：用力过猛，过分施加压力，而非试图理解对方的观点和想法；

U（Understating）：因为先前有预设的议程，所以便看轻或不再接受另外的可能性。

S（Short-term）：过于关注对自己短期有利的事情，而非通过建立人际关系和提升个人口碑以获得长期可持续的成功。

H（Hassling）：揪住事情不放，导致每次讨论都变成一次争吵，让他人觉得一切都是自我本能（ego）作祟，而非从实现共同的目标出发。

一旦你进入了爬行动物脑模式，就很难再影响到任何人，所以避开这个陷阱至关重要。预防杏仁核劫持的最佳策略便是脱离"个人立场"。因为一旦你把全部注意力放在自身的恐惧、压力、愤怒上，也就是在不断地刺激你的杏仁核。而一旦你开始关注他人的感受，也就相当于给自己亢奋的大脑降温……从而开始投入其中去感受，而非陷入战或逃的模式。

尽管马克经常上电视和广播节目，但他其实是一个生性害羞的人。事实上，多年以前的他在聚会派对上，因为羞涩他只会围着洋葱蘸酱晃悠，无聊地盯着手表看几个小时，等时间一到立刻央求妻子一同离开。

对他而言，这自然带不来什么好的结果。妻子对此也是感到无奈。所以一天傍晚，马克试着换一种方式。他暗下决心，一定要在派对上跟3个人说话，想方设法让对方开心，好让对方愿意跟自己聊天。

马克心里没底，他也不知道这样做的结果会如何。事实是，那天的派对结束时，他已经跟5个不同的人分别进行了5场愉快的对话。其中3个人甚至还情不自禁地拉起他的手，给他大大的微笑，还说非常开心能认识他并且很希望以后还有机会见面。

等到派对结束，马克打算离开——这一次，因为马克聊得太过尽兴以至于换成妻子央求他赶紧离开——他不禁反问自己，在跟那5个人的聊天过程中，一直困扰自己的害羞感为何突然就消失了呢？一番思考后，马克意识到这是因为他没再纠结于自己的不舒服、紧张这些"立场"而遭遇杏仁核劫持，相反他通过"聆听"和尽可能表现出对对方的话题感兴趣，以此照顾到"他人立场"。当他这样做时，内心也就获得了一种安全感。

■ 习惯障碍

当我们遭遇很大压力时，就很容易陷入第二种人性陷阱。这种状况下，要想产生新的想法或者找到不同的思考方式、感觉方式或行为方式无异于痴人说梦。这是因为压力之下，我们一般都逃不脱下面两种情况：一是遭遇杏仁核劫持，一是跳入自己的舒适区躲避。第二种情况，也就是常说的习惯障碍，我们一般会选择做那些我们已经习惯成自然的事情。我们会按过往已经行之有效的模式行事。比如：

- 想进入逻辑思考和分析的人们可能不断地重复同样的争论，或者声音变大抑或语气缓慢。他们甚至可能重复说一样的话，"你没理解……"或是"你没明白"或是

"你压根儿没在听我说"。

- 老好人们则可能毫无原则地一味妥协，以求安抚他人。

无论落入哪种行为模式，完全源于我们习惯如此，我们慌不择路。

但问题在于，我们的旧有模式很少能契合当下的新情况。这也是为何当我们在高压的商业环境中试图影响他人时，往往会觉得难度飙升以至于受挫沮丧。事情的重点不在于当前发生了什么，而在于当我们分析判断当前状况时所产生的本能反应。

正如喜剧人亚当·卡罗拉（Adam Carolla）所说："哪怕你把一只河狸放到帝国大厦的顶层，它也会环望四周寻找木头去建造一座水坝。"我们人也是一样：深入骨髓的习惯加上神经系统的压力性反应常常会置我们于机能失灵的危险边缘。我们被困入一种无效的行为模式——我们被困在了"个人立场"中。下面跟大家分享一个实际案例：

莎朗在一家大型航空公司担任工程师。她拥有麻省理工学院的硕士学位，也拥有不少跟团队伙伴合作攻克最具挑战性的技术难题的成功经验。

她本性是一个专注力特别强、很有决断魄力、争强好胜的人。工作之外，她还是一名成功的铁人三项运动员。工作中，她洞察力尤其敏锐，是团队中不可或缺的重要成员，甚至还拿过两项重要的年度大奖，足可见领导对她在工程师领域工作的高度认可。

每当分配进入攻克重要技术难题的团队任务中，莎朗总是表现得很出众。她惯有的风格让她自己和队友都相当受益。莎朗习惯于直接、不绕弯子地表达。她可以迅速找到他人思维上的漏洞，并采用类似下面这样的表达：

"你错就错在……"

"你没有考虑到……"

"那样子不对……"

"那样行不通……"

"你应该这样做，而不是……"

莎朗的团队在达尔文优胜劣汰的氛围感染下高歌猛进，最好的想法总能留下来，而牵强的主意总能被否掉。团队参与者们围绕任务的解决方案展开激烈的讨论甚至于产生摩擦。这种方式对他们来说行得通，因为他们只关注结果，且对事不对人。

几年之后，由于莎朗工作上的成功，她被提拔为高层管理者。这一新的角色需要她在公司内部的不同职能之间斡旋协调。跟之前主要与工程师们打交道不同的是，晋升之后的莎朗需要跟公司内很多非工程师出身的经理人对接，而且处理的问题也是完全不同的，这些经理人在彼此交往的过程中更习惯用协作的方式。

对于这些经理人而言，莎朗开门见山的风格无异于当面侮辱，很不受人待见。类似于"你错就错在……"这种为工程师们平静接受的表述，在其他经理人听来则倍感粗鲁和无礼。

莎朗没能仔细审视自己的沟通风格是否适合新的环境，她反而更加我行我素。这正是莎朗的"习惯障碍"在作祟。莎朗没能获得以往的沟通效果，所以按照她自以为是的逻辑，便是自己应该更加强势地去表达观点。结果，这只让她跟众人更大程度地疏离开来，而且其他管理层也开始将她排除在决策过程之外。

正如我们在莎朗这个例子中看到的，"习惯障碍"会导致人在遭遇失败时雪上加霜。当事情发展不如人意时，"个人立场"会让你开始想"他们没搞清楚，他们没明白"。所以你很容易得出的结论就是再来一次，甚至于加大力度。可是，就像阿尔伯特·爱因斯坦所说，所谓疯狂，其实就是"重复做同样的事情却期待结果会不同"。

相比之下，从"他人立场"出发则会让你开始问这样的问题：他们为什么会做出这样的回应？他们的回应跟我的所作所为有多大关系？还有没有其他做法？这些问题足以打破"习惯障碍"，让你真正地看清现状，而不是一次又一次跟过去的自己做斗争。

感觉上正确，实则错误

第三种容易让人陷入"个人立场"盲区的人性陷阱则跟犯错有关系。当然，我们现在说的是一种特殊的错误——一种你自己都不知道自己正在犯的错误。

在第一章我们讨论过，"让他人按我们的想法行事"的思维很容易让人错过重要的信息，甚至完全误解一件事情或者误会一个人。人在认定自己正确时是很难意识到自身错误的——尤其当你的逻辑、分析、情绪、经历和前期准备都指向同一种结论。就像马克·吐温说的："让你陷入麻烦的并非是你不知道的事情，而是那些你确切相信却有悖事实的事情。"

关于错误盲区，最好的一段论述来自凯瑟琳·舒尔茨（Kathryn Schulz）的 TED 演讲《犯错的价值》。自称"错误学家"的舒尔茨在演讲中问了一个引人深思的问题：犯错是一种什么样的感受？

听众们给了她不少答案，比如"可怕""尴尬"之类的描述。但她说，这些答案回答的不是她问的这个问题。而是回答的"当意识到自己犯错了，是一种什么样的感受？"这一问题。意识到自己犯了错可能会觉得很糟糕很尴尬，甚至于觉得很崩溃，或者是想要袒露一切，甚至于觉得滑稽可笑。

但舒尔茨说，犯错跟其他任何感觉都不一样。对此她打了一个类比，类似于卡通片里的土狼狂奔追逐一只走鹃，一直追到悬崖边才停下。走鹃并无大恙，毕竟是鸟儿嘛，拍拍翅膀就飞走了。但当土狼跑到悬崖边，却要被吊在边缘好一阵。它不能飞，跑又不再管用。所以就在那里挣扎，跟重力做暂时性的对抗。在卡通片里，结局一般都是在土狼低头往下看并意识到下方是一片悬崖时猛地坠落。

舒尔茨指出，当我们犯错时，就跟还没低头往下看但悬在空中的土狼没什么两样。哪怕当前所做的事情行不通，我们也自以为一切都还在掌控之中，因为我们压根儿还不知道危险所在。换句话说，犯错的时候感觉就像没犯错一样。我们陷入了一种舒尔茨所说的"错误盲区"中。

一旦我们处在那种悬挂在空中般的盲目自信的错误盲区中，就很容易对他人做出各种不靠谱的推测。舒尔茨在演讲中提到当人们遭遇到他人固执的拒绝，就很容易加深对他人的负面揣测，主要会经历下面三个阶段：

> **认为对方无知**：他们压根儿就不懂，所以需要跟他们解释。
> **认为对方愚蠢**：他们不够聪明，还需要再次解释。
> **认为对方邪恶**：他们是在故意跟我们作对。

这三种猜测都会让人牢牢陷在"个人立场"中，以至于无法进入"他人立场"。更糟糕的是，基于上述猜测而做出的不尊重行为和反感态度，会进一步破坏你与他人的关系以及你的名声。

前段时间，约翰给加州大学伯克利分校安德森管理学院的国际访问学生上了一堂领导力的课。上课的第一天，教室门被锁上了，学生们全都只能站在走廊上。因为上课的教室平时很少使用，所以大家对此都能表示理解。见此情形，约翰去到楼下楼管经理的办公室，请求对方帮忙打开教室门。

下一次，学生们又被锁在了门外。约翰再次寻求帮助，并把上课时间明确告知楼管经理，确保下一次上课时不至于教室门又被上锁。

当约翰走近教室，他看到学生们还是站在教室门外头。约翰摇着头直接下去找楼管经理。他语气中明显带着愤怒，要求楼管经理去开门并确保每天这个时间教室门都要开着，这样那些国际学生才不会浪费时间在门外等待，也不至于觉得自己被苛待。

只见楼管经理一脸讶异。"门没开吗？"他问。

约翰厉声道："没有，门没开。"说着，心里也不由得暗忖：哎呀……万一这会儿门又开了呢？

"啊，那倒是奇了怪了，"楼管经理说，"不过，走吧，我上去给你把门打开。实在不好意思。"

此时此刻，约翰正跟吊在悬崖边上的土狼一样，自信满满却忘了低头往下看。

他和楼管经理一道上楼朝教室走去。只见楼管经理一拉门把手，门竟然开了。压根儿就不需要钥匙。

原来，已经有好些学生在教室里坐下了。不过大部分同学还站在过道上。他们在放松心情，正一边喝咖啡一边聊天，打算过会儿再进去教室落座。原来那些同学只是在等约翰来。

因为教室门前两次都上了锁，所以约翰估计第三次肯定也是上了锁的。他还觉得，学生们肯定因此而倍感恼火。约翰对自己的猜测深信不疑，甚至都懒得去检查一下门是否真的开不了。

这一下轮到约翰傻眼了。他不明白为什么他的学生们要集体站在过道上，以至于他错误地以为楼管经理不称职，还浪费那么多时间跑下去把楼管经理叫上来开门。

在这一案例中，其实约翰有很多机会去到"他人立场"，但他全都错过了。他原本可以尝试开门，或者询问学生们为何站在过道上，抑或更细致耐心地询问楼管经理缘由。但约翰陷入了错误盲区，以上这些选项他甚至连想都没有想过。

约翰尴尬不已，他为自己没有确认清楚就贸然指责向楼管经理道歉。

"没事，"楼管经理回应道，"谁都有出错的时候。这也是工作的一部分。"楼管经理微笑着和约翰握了握手，同时也算是给约翰又上了一课：哪怕知道自己是正确的那一方，该如何表现得更绅士。

■ 信息的双重诅咒

犯错的时候，我们容易掉入错误盲区陷阱，而第四种人类天性，则容易让我们在正确的时候掉入陷阱。这是因为，作为正确的一方也有它的危险和局限。

绝大多数时候，我们仰仗于过往积累的知识和经验。可当我们直面影响力的挑战时——难以说服他人或者发现很难让他人按期望做事时——我们所"知道"的信息，反而就从财富变成了障碍。

为何如此？这是因为，我们很难"不知道"我们已经知道的东西。而这一点就会在"个人立场"和"他人立场"之间造成巨大的隔阂。

齐普（Chip）和丹·希思（Dan Heath）在他们合著的《黏住》（*Made to Stick*）中，细致介绍了伊丽莎白·牛顿有关沟通隔阂的引人深思的研究。牛顿进行了一项非常有名的实验，将一群人分成两种不同的角色：打节拍者（tapper）和聆听者。打节拍者从一张名曲歌单中进行选择，歌单包括《祝你生日快乐》和《美国国歌》。然后打节拍者负责在桌子上敲击出歌曲的节奏，让聆听者根据听到的节奏猜出歌名。

试验开始前，打节拍者预测聆听者的猜对概率大致为50%。然而，事实却证明，只有2.5%的聆听者根据节奏猜出了歌名。对比之前预测的一半的正确概率，事实上的正确概率只有1/40。两者相差甚远。

为何会有这么大的差距呢？其实就是因为，打节拍者困在了"个人立场"。他们拍打节奏时，自己脑海里是对应着歌曲旋律的。毕竟自己打的拍子，怎么可能不知道旋律呢？然而聆听者们却被困在了他们的"个人立场"之中。用希思的话说，他们听到的只是"一串割裂的敲击声，如同某种奇怪的摩斯密码"一般。

再来讲人与人之间的互相影响，从打节拍者对聆听者的事后反应也特别能说明问题。面对正确率奇低的结果，打节拍者纠结、困惑、深感挫败。他们不敢相信，这么简单的节奏，怎么聆听者还听不出来？从打节拍者的表情再到肢体语言，无不在传递对聆听者们这种"明显智商缺陷"的不满和怨愤。（还记得凯瑟琳·舒尔茨的无知假设理论和愚蠢假设理论吗？）打节拍者们心里在想：这些聆听者肯定是有毛病！他们怎么能这么蠢？

然而事实上，这些聆听者并无任何不妥。他们只是视角立场不同而已。

希思把打节拍者的这种经历称作"知识的诅咒"。打节拍者在拍打节奏时，无法不听到大脑里的节拍，而这也导致他们很难与聆听者们达到共情。他们被已经掌握的歌曲和旋律给"诅咒"了。在拍打节奏的同时，他们的大脑里相当于有了一个盲区，无法理解"不知道歌曲旋律"是什么样的状态和感受。而把这种结果归咎为聆听者们有问题,显然比从"个人立场"过渡到"他人立场"要容易得多。

在这一听节奏识歌试验中,其实并不涉及什么重大问题,然而"个人立场"和"他人立场"之间的隔阂还是会让参与者产生挫败、烦躁的情绪。更不用说,在现实生活中面对真实的人和事所造成的不良影响了。

多年前,约翰在卢卡斯下面的一个商业团队工作,卢卡斯是一家电力通信公司的副总裁。一次在有关项目优先级的讨论中,卢卡斯突然说:"我想大家都知道,我们在接下来的一年里需要做到5件事情。如果无法做到的话,那所有我们正在讨论的这些议题都没有意义。"

约翰环顾四周,从众人的表情显然可以知道,大家并不知道卢卡斯所说的事情。但是在场的人又都不太方便让卢卡斯解释清楚,而卢卡斯也没有留意到这些。

卢卡斯没有意识到,他就像实验中的打节拍者,而其他人就是满头雾水的聆听者。卢卡斯以为所有人都跟他在同一频道,他无法想象其他人其实在另外的频道。所以,听的人就很沮丧,也没有人知道这场讨论会有什么样的结果。

约翰问卢卡斯是否能把5件事情罗列一下,但卢卡斯说这是浪费时间。他清楚是什么事情,而在座的人也都知道。

趁着中途休息，约翰把卢卡斯拉到一边，并试着劝说他把所说的5件事在活动挂图板上列出来。约翰强调说，如果团队中的人都能看到这5个目标，他们就能做到信息一致，并按顺序划分轻重缓急来讨论。哪怕所有人都很清楚所讨论的事项，这样做也能帮助减少混淆。

卢卡斯被说服了，并开始把事项写下来。中场休息结束，但卢卡斯还在写，于是约翰把休息时间又延长了些。待团队成员最后集合，卢卡斯的清单也已经写好了。然而原本说的5件事已经变成了8件事，甚至还延伸出更多的话题。这也让那次集体讨论变得卓有成效，所有人第一次真正对目标的轻重缓急达成了共识和统一。

卢卡斯以为团队成员都知道他说的5件事是什么，其实就与受到"信息诅咒"的打节拍者一样。与此同时，他还面临着错误盲区的问题，因为他自己都忘了另外的3件事。从这个层面上说，他差一点毁了一次对公司未来发展至关重要的会议。

之所以说这种打节拍者和聆听者之间的信息不同频在现实生活中更加危险，是因为信息的诅咒会被加倍放大。在现实世界中，这不仅意味着别人理解不了你，也意味着你无法理解别人。

所以，那些总能成功对他人施加积极影响的人，就从来不会有这种类似打节拍者的思维和行为。最能成功影响他人的人明白，他们自己既是打节拍者，也是聆听者，而且要更多地把自己放在聆听者的位置，因为聆听者的任务其实更难。

最具影响力的人也知道，信息的双重诅咒几乎贯穿在人们所有的人际交往中。他们清楚，人们在沟通的时候非常容易高估自己所给信息的清晰程度，也很清楚自己很难完全理解其他人所传递的信息。正是因为有这种认知，所以在别的人"不能理解"的时候，他们并不会表现出傲慢和高人一等。

■ 通过重写软件来避免硬件陷阱

我们讨论的这些人性陷阱正变得越来越难以跨越，因为它们不是我们自身的错——我们生来如此。分为三部分的大脑就是容易让我们遭遇杏仁核劫持。生理机制决定了我们倾向于从自身角度去看待问题。而我们的大脑也压根儿没有我们自以为的那么理性。

这也解释了，为何有时你明明知道前面是一个陷阱，但你还是会踩进去的原因。不过，要是你发现可以通过编写新的软件程序帮助你跨过大脑硬件的限制，让你能在每一种重要关系中从"个人立场"切换到"他人立场"，你肯定会更少落入这种人性陷阱。这么一来，你也可以培养新的习惯，从而拥有对他人更真诚、更持久的影响力。这也是联结型影响力模型的核心所在。

第三章　建立联系和影响他人的四部曲

> 所谓领导力，是让他人发自内心想要跟随你，而非不得不跟随。
> ——拉里·威尔逊（Larry Wilson），企业咨询顾问

当遭遇非联结型影响力时，我们总能察觉出来。可能是凭借权位颐指气使的首席执行官，可能是深陷错误盲区的经理人，可能是忽悠我们掏钱买下并不需要的东西的销售，也可能是操纵我们感受的所谓"朋友"。这些人在我们内心所激发的情绪——愤怒、挫败、怨恨以及失落，也很容易察觉。

不过有趣的是，面对联结型的影响力，我们却并不总是能识别察觉。因为，这种影响力并不会让我们感觉被驱使或被忽悠、被误会、被忽视，甚至是被胁迫。所以我们不会拒绝。相反，我们愿意接受这种影响力，因为不知不觉中已建立起对影响者的信

任。所以联结型影响力,既强大又让人不知不觉。

为了撰写这本书,我们采访了成百上千位举足轻重的"影响者",还有数千名工作坊和会议论坛的参与者,每次我们总会问一个问题:"是谁影响了你?"我们发现,最能说服他人的人,往往并不是那些强势的劝说者。

相反,对我们最有影响力的人往往是那些给我们启发的人。他们是人生的榜样,为我们树立起一个切实的追赶目标。相比我们自己,他们能看到我们身上更多的东西。他们激励我们跳出来思考真正想做的事情,而不是仅仅去想我们能做哪些事情。他们引领我们奔向更多的可能性。他们让我们变成更好的自己,帮助我们成为更好的老板、同事、朋友、伴侣、兄弟姐妹和父母。

除此之外,当我们失去力量时,他们会挺身而出,站在我们一边,不让我们失败;偶尔我们误入歧途时,他们也会站出来。他们始终在我们身后,给我们力量,哪怕我们还不曾给他们支撑。在他们主动触碰我们的世界的同时,其实也将我们拉向了他们。

每当让大家讲述生命中对他们影响最大的人,我们总能一次次听到下面这些话:

"是他造就了今天的我。"

"我对他无限感激。"

"我愿意为她做任何事,因为她对我也是如此。"

"多年前我不名一文,而他还是伸手拉了我一把。"

"不管她向我提什么要求,我都会同意,因为我完全信任她。"

"他对我的尊重景仰,是我一生中得到过的最宝贵的礼物。"

上面这些回答,也揭开了真正影响力背后最大的秘密:仅凭那些让人获得短暂胜利的事情,你无法获得真正的影响力。相反,你需要成为能让他人发自内心渴望去追随的人。

这也是为什么说联结型影响力模型并非操纵他人的策略组合,而是在每一天的日常生活中更换一种行为方式。它不仅能改善你的商业关系,还能改善人际交往中的方方面面,让你克服盲区和人性陷阱,从而与生命中那些重要的人真正联结起来。

下面是联结型影响力哲学的一些核心原则:

- 旨在建立一个愿意用心倾听你、帮助你、支持你的人际圈,而不是在身后留一些感觉没有与你真正联结、认为关系是一场交易、认为自己因为你的一己私利而被利用、被摆弄,或者被操纵的人。

- 关键在于从个人立场到他人立场间走出一条路,这样你能理解他人的观点,从中学习,让他人也基于共同立场做事,并不断完善。

- 最重要的是要找到你和那些你想联结的人都认为有价值的目标和结果。
- 坦诚清晰地告诉他人你正在做的事情,而不是故意隐藏一些套路或技巧,防着他人学到这些所谓的秘诀或从中得到资源。
- 需要打消那些抱着怀疑态度甚至是愤世嫉俗之人内心的不安,好让他们能放心地信任彼此。

如果按照上面这些步骤实践联结型影响力,也就从工具式的影响力过渡到了启发式影响力。一旦完成这一转换,你也将开启有关力量、影响力和人际关系的全新视角。

非联结型影响力 "影响力在于得到我想要的东西"	联结型影响力 "影响力在于引导他人得到更好的结果"
将他人划分为敌人和同盟两类	视他人为合作者,无论观点是否一致
通过套路、技巧催生有条件的服从	致力于获取可持续的承诺
将他人的反对、抗拒上升为情绪针对	理解他人反对和抗拒的背后缘由
只注重短期获得对事物的掌控力	认为当前行为是未来人际关系、名誉和结果的铺垫

若能把联结型影响力的这些重要元素融入生活,你会发现,

无须步步紧逼也能让他人买你的账。哪怕是在高度对抗的情境中面对很难相处、不愿合作的人，你也能成功。身边的人也较少质疑或反对你的意见，而是更倾向于探索更多的可能性。很多时候，往往你们能齐心协力取得很好的结果。

比斯肯·江（Giang Biscan）是洛杉矶鼎鼎大名的天使投资人，她证明了哪怕在关系和资源不到位时，也能打造自身的影响力。仅靠少量的积蓄和现有的关系，她从零开始打造出一个强大的人际网络和名利圈，而这一切都是因为她能自动自发地为他人提供更多价值。

当问到她是如何打造个人口碑时，比斯肯·江说："仅仅是不久之前，没人知道我。但我对自己所做的事满怀激情，我也从不焦虑是否能从他人那里有所回报。我四处寻找初创企业的机会，并主动提供帮助。这样日积月累，就会发现已经有不少人得到了你的帮助，而这种力量还在一层一层往外扩散。有时参加某些活动，我仅仅是出席然后拍照，再把拍的照片发送给会议组织者和发言人。我拿着相机到处走，抓拍各种照片，他们估计都以为我是正式的摄影师。他们喜欢我拍的照片，这一契机顺利开启了对话并让我们更为了解彼此。"

还有一些活动，比斯肯·江只是会提前一会儿到场然后帮忙张罗，她发现这样别人很容易把她当作自己人，好似她真的是活动主办方的一员。这也让她获得了与活动主办方和其他一些关键人物沟通的机会，在这些沟通中她学会了如何做更多增值的事情，而那些增值的事情又反过来为她打开了更多人际关系通道，建立更多人际联结。她不是靠着"霸蛮"挤进活动然后营造所谓的影响力。她通过"帮助他人"实现这一目的。

"有一个举办过许多大型会议的著名机构，"她说，"需要支付6000美元才能参加他们的活动，与会的投资人和创业者的比例是二比一。能参加这一活动的创业者们都需要经过严格的筛选，按照过往记录，其中有75%的公司最后都成功被收购。当时我听说他们正在洛杉矶物色创业公司，所以我便主动为他们四处召集与会企业。"

组织方注意到比斯肯·江的这一行动，便联系她，问她是谁？后来，她免费获得了入场券，在现场又拍了许多照片并与众人分享，还撰写关于这一盛会的文章，扩大影响力。之后每当该机构来洛杉矶组织活动，都会咨询她的意见。

她还会在推特上关注那些洛杉矶之外的著名投资人，并主动接触他们，礼貌询问"我能为你在洛杉矶组织一个小型咖啡聚会吗？有大约6名创业者参加"。投资人欣然应允。于是江女士便又去联系创业者们，说，"最近有一些重要投资人来城里，有谁想去见见吗？"比如，当她看到投资了谷歌的唐·道奇（Don Dodge）在推特上发了一张圣莫尼卡码头的照片，这就意味着唐·道奇在洛杉矶城。她便会立刻放出话去，并组织起一个小型聚会。江女士说："我会考虑双方的需求并统筹资源，这样就很容易得到他人的肯定回复。"

本质上来说，江女士资源平平却创造了非凡价值。她说："这也是创业圈的底层逻辑，一切都从想法和激情开始。"所以，现在有很多的创业者和投资人都向她大抛橄榄枝，给她提供不菲费用。时至今日，她已经成为洛杉矶商业创投圈最有影响力的人物之一。

像江女士这样的成功故事并不少见，但这些故事并非由魔法凭空创造。要取得成功，需要有冒险的决心和将自尊心暂时放到一边的能力。任何人都不可能靠一己之力成功，明白这一点至关重要。达人才能达己，你需要帮助其他所有人获得所需，方能实现你自己的所想。

如果这是你跃跃欲试想要迎接的挑战，那意味着你已经做好实践联结型影响力的准备。回看前文，理解从个人立场跨越到他人立场的关键四步，然后成为你想成为的最具影响力的人。

■ 行动中的联结型影响力

在上述章节中，我们提出的观点不可谓不大胆。我们说的是，通过实践联结型影响力，你可以在不影响个人价值观的前提下影响他人，与你认为无法触及的人建立起联系，无须倾轧他人也能得到想要的结果，并且取得大的成就。现在，我们就来展示下如何在现实生活中做到这一点。

联结型影响力模型

愿景远大	所谓愿景远大，并不是要你一年一次立下宏远目标。而是要确立起某个有价值、有意义的远大目标，是要超越人们的期待，并让他们看到能走多远。
用心倾听	想要展现真正的影响力，你需要有倾听他人的意愿，有一颗开放的心，有时还需要有察觉自身错误的内在洞察。
转换立场	通过倾听，你们建立了联结，转换立场会让联结更为牢固。事情的关键在于得到听众的心，而不是通过某些投机取巧的行为操控他人以达到顺从的目的。
多做一些	做更多，并非只是在当下你与他人的交易中，而是致力于让真正美好的事情发生，无论现在还是将来，并让他人为你的慷慨而震撼动容。

然而，仅凭上面列出的四个步骤便能让你的商务关系和人际关系发生翻天覆地的变化？如果你对这一点还有疑虑，我们也十分理解。换作我们是你，也会有同样的疑虑。所以我们决定从角色中跳出来。

当然，也不能完全跳出来。只是完成这一部分之后，我们会退到故事的后面，主要呈现那些我们采访过的重要人物。在本书的第二到第五部分，在每一部分都将分别探讨联结型影响力的某一个重要因素，看它是如何在现实生活中发挥作用的。

通过这些举足轻重者的人生故事，我们也希望你能从中看到，联结型影响力在改变个体、团队、公司、家庭甚至改变世界方面的强大。希望他们的经历，能激发你去挑战自我认知极限，依靠积极影响力带你到达更为遥远的地方。

第二部分 愿景远大：大池塘才能钓大鱼

要成为拥有联结型影响力的大师，你需要激励他人去追求更多的可能性——超越现实可能，追求更远大卓越的结果。不过要记住，并不是目标越宏伟，就代表结果越好。关键在于人的雄心，在于实践原则的勇气，以及让所有人参与到你个人成功中的意愿。最重要的是，在接下来的章节中，你会看到最重要的其实是专注于3个"R"的决心：结果（Results）、声誉（Reputation）和关系（Relationships）。

第四章　结果:"得过且过"还是"无与伦比"

> 人生若非一场盛大的冒险,便一无是处。
>
> ——海伦·凯勒

非联结型影响力,往往在不知不觉之中让我们低估自身。一旦我们关注的只是如何达到个人目的,就很容易变得狭隘,满脑子想的只是能说服他人接受的最好结果是什么,却忽略了可能实现的最优结果。

不过从我们访谈的那些重要人物身上,可以学到关键的一点:如果你想影响他人,一定要勇于做梦。要目标远大。要雄心勃勃。要令人振奋。要引人遐想。要可望而不可即。哪怕几乎没有实现的可能。这样通常会得到的回应是,"你觉得那可能吗?"

或者是"我们真的可以做到那些吗？"。

马克经常谈及反向认知误差，意思是说大多数人都是坐等事情发生，然后再对其做出反应。很少有人有正向认知误差，也就是主动拥抱挑战和前方不确定性的意愿。用马克的话说，这些人经常问的一句话是："明明可以主动打造光明未来，偏偏要坐等机遇降临？"

这便是远大目标的核心要义。

当你勇敢跨出追求宏伟目标的一步，你就能引导他人面向未来。你不仅仅是"忽悠"他们做一些仅仅是当前有利你个人的事情。相反，你是指出了一条他们通往美好未来的道路。这令人兴奋也给人力量，往往能带来有创造力的解决方案、更卓越的结果，以及与你想影响的人更强的人际联结。

这并不是说更好的结果就一定需要更宏大。既可以是改变世界这种雄心壮志，也可以简单到仅仅是如何高质量度过下一个60分钟。可以是畅享一场谈话，一次会议，一次演讲，一个项目，或者是尽力完成一项使命。远大目标并不在于胸怀天下，只需要内涵丰富，对所有参与其中的人有益。

寻求更好的结果并不容易，尤其是当你志存高远时，不过回报也往往超出想象。下面就讲两个"举足轻重的大人物"是如何做到这一切的。

如何让竞争对手服务于你的目标

伊万·罗森博格（Ivan Rosenberg）是我们的一个朋友，他的一生都绕不开发掘他人的激情所在这一主题。作为一名商业咨询顾问，他已经帮助成百上千的企业和非营利组织取得了更为卓越的成就。

数年前，伊万曾为儿童权益联盟提供帮助，这家非营利组织主要是为处境危险的儿童提供法律服务。他们当时正想确定联盟的愿景，也尝试过不同的理念，一位成员说道："你们觉得这个愿景怎么样：'致力于打造一个能让所有儿童都能居有定所、获得爱和关怀、安全稳定的世界。'"

这句话刚出口，在场的所有人都大喊"可以！"。

在场的所有人都赞成，除了一个人。他表示反对，并说："等等，我们只是洛杉矶一个微不足道的小组织。我们不可能改变整个世界。设立这样的愿景根本就没有意义。我们应该着眼于洛杉矶。"

伊万说："你说的这一点很重要，这主要涉及两个问题之间的区别：想做什么和想代表谁的利益？"

"我没明白，"这个男人说，"这两者有何区别？"

伊万说："我们来捋一下。如果有人问起：你们代表谁的利益？你怎么回答？"

男人回答说："我们代表洛杉矶县所有处境危险的儿童的利

益。这个数字现在高达 75000 名，就是不包括周边地区，这也是一个庞大的数目。需要我们做的事情还有很多。"

"好，"伊万说，"如果你不就某个具体的主题说点什么，那就只能看对方的个人理解了，对吗？这不是你的核心观点。你并没有真正想影响对方。"

"好吧，"男人又说，"就像我说的，洛杉矶县的儿童已经足够我们这个小组织忙活了。"

伊万说："这其实是说，你的个人追求是让洛杉矶县的所有孩子都能居有定所，都能获得爱与关怀、获得安全稳定……"

说到这，伊万刻意停顿了下，男人也不自觉地点头，这代表男人对此表示认同。然后伊万继续说："然后其余的孩子就让他们见鬼去吧。"

"不是！"男人闻言表示强烈反对，"我不是这个意思！"

"那你确实也在意其余的小孩？"伊万问。

"我非常在意，"男人说，"我希望世界上所有的小孩都能在安全、稳定、充满爱的家庭里长大。"

"显然如此，"伊万说，"这是你的愿景。也是你的理想。是你的激情所在。"

伊万接着说道："这就是你所代表的，是你内心深处的东西，是你希望实现的愿望。光凭这个小组织，当然不能让你抵达目标，但是你的工作确实是在为这一宏远图景贡献力量。可能你的主要精力是放在保护洛杉矶县涉危儿童的利益，但你所代表的其实是更多人的利益。"

站得更高，望得更远。

随着伊万继续引导小团队的讨论，他们也意识到这一远大目标彻底改变了他们对现实的理解。他们以前认为自己做的工作只是和其他非营利组织和慈善机构竞争，以期从捐款人处筹到更多资金。而现在他们认识到应当为着共同的目标一起协作。

比如，儿童联盟的一个工作重点是为有特殊需要的儿童提供法律服务，而除他们之外，还有一些组织也是以此作为工作重点。这些儿童公益组织其实也知道支持帮助高危青少年同样有很大的需求，尤其是那些被收养者，但是让几家不同的组织彼此竞争为特殊需要儿童提供雷同的服务，显然没有必要。从寻求更好结果的角度出发，他们认为更好的办法是让这些组织群策群力，一起探讨确定如何为所有这些儿童提供法律援助服务。

说干就干。他们最终成功组建了一个合议团——在互助合作的基础上结成的联盟，合议团中的所有成员都能接触到那些有特殊需要的孩子。这一儿童权益联盟还动用私人资源，不断提升组织成员的专业水平，并想办法让洛杉矶市的私人律所为其中的很多孩子提供免费法律咨询。这一做法既省时又省钱，孩子们也得到了更多需要的服务。与此同时，还推动了所有关心涉危儿童的组织在全新层面开展沟通、协作、信息共享、合作。

伊万总能取得这样的成果。而他凭借的正是很多人缺失的火花——激情，从而引领他人从"得过且过"的状态转到追求卓越。

正如伊万所指出的，并不是心无旁骛地做事就行了，更重要的是做事的效果，是那种参与重大项目的兴奋感。首先要唤醒激情——找到能让他人真正取得成就的道路，并为他们指引方向——然后为目标注入能量和生命，把枯燥的目标转为人们内心真正想要追寻的卓越成果。伊万认为，当一天结束，所有人都应该能够无愧于心；"这一天没有白费"。

要实现这样的雄心壮志，你需要冲破阻碍，打破长久以来的规则。这是因为，追求卓越往往意味着要让所有人都站到你这一边，包括你的对手。而这也是我们接下来讲到的故事主人公最擅长的事情。

■ 卓越成果不一定需要庞大投资

巴塔哥尼亚（Patagonia）是一家专注于设计户外服装的公司，为用户提供全系列的户外装备。当然其他的服装公司也一样。但除了琳琅满目的服装之外，巴塔哥尼亚还拥有一样绝大多数服装公司不具备的东西：激情。

巴塔哥尼亚的使命描述就包含这一卓越结果："通过商业行为启发和实践解决环境危机的方案。"而且他们不只是说说而已。

在追求环境保护的道路上，巴塔哥尼亚公司力争做到：他们生产的每件商品都不会带来丝毫污染。说起来很简单，但是你想要真正做到，难度惊人。

这是一个野心勃勃的想法。也令人振奋。是值得追求的远大目标。

而对此目标最充满激情的莫过于吉尔·杜曼（Jill Dumain），巴塔哥尼亚公司的环境战略总监。在公司只有两个员工时，她便鼓励所有人都要把这一使命铭记于心。她公开分享巴塔哥尼亚公司有关高效环保的措施，各种新鲜想法和创意也纷至沓来。

除此之外，吉尔还热衷于动员整个服装业应用生态指标，这一指标可作为评判企业的产品和生产流程对环境的影响程度。而作为一种公开资源，采用生态指标并无门槛。

有人跟我们说："吉尔是一个极度真诚、极其开放透明的人。即便我们是竞争对手，但在可持续发展和责任制采购方面，她与我们精诚合作。她对别人也是一视同仁，彻底颠覆了大家的认知。一般来说，品牌方对于零售商都采取一种防御姿态，但吉尔不是这样的。她打开了我们的心扉。她让我和其他零售商明白，我们可以既竞争又合作。她说：'我们想跟你们大家分享尽可能多的信息，好让你们尽可能减少用水量，提升染料和化学剂的有效使用，更加环保。在保护环境这件事上，我们有着共同的目标。'

"而且她还会不断补充资源。她总会第一时间跟我们分享她所学到的东西，把最佳实践案例教给我们，并让我们跟她所在圈子的专家建立联系。在长达数周的调研、会议或钻研某种材料或生产工艺后，她会将一切新的知识分享出来。我们总能无偿获得因她个人知识更新、人际关系和努力付出所取得的成果。她心中有远大愿景，且令人信服，令人振奋。你会心甘情愿地听从她。你会发自内心想跟她站到一条船上。因为她让其他人也看到，自己可以成为更宏大、更完整、更有意义的使命的一部分。"

本质上说，吉尔是从根本上重新定义了她的角色，并不断延伸使之实现公司的核心价值：通过做好商业来保护环境。得益于她的这种激情，她影响了全世界的众多关键决策人。也得益于她的努力，巴塔哥尼亚公司的每个人都能在一天工作结束时，坦诚地对自己说："今天，我们又推动创造和销售了一个伟大的产品……我们对保护世界贡献了力量。"

通过吉尔的故事，我们可以知道，卓越的成果并不一定需要庞大的投资。在巴塔哥尼亚，她仅靠两个人就实现了自己的远大目标。这是因为她致力于让公司的所有人，甚至包括竞争对手都参与到这一事业中，也让自己的影响力实现了指数级增长。

除此之外，我们还可以知道，要想从更高层次对他人产生正面影响，既需要长远目光也需要踏实努力。除此之外，正如吉尔的一个崇拜者所说，还需要一种"战略耐心"。很多时候，吉尔会花数周甚至数月的时间，只为让大家聚到一块。她会听取所有人的声音，但不会让步，她会坚持自己的原则，绝不降低标准，会从长远利益出发打造关系，甚至愿意为此放弃短期利益。她创建一个空间，让美好的事情发生……而大多数时候，美好的事情确实发生了。

凯西·沙汗（Casey Sheahan），巴塔哥尼亚公司的首席执行官，说吉尔在自己的办公桌上贴了一句话：鼓励，诱惑，启发。"她确实是这么做的，"凯西说，"她的影响力在公司内外形成涟漪效应，影响公司里的人，影响外部的其他公司，直至影响整个世界。"

这确实是一种卓越成果。

通过把来自不同群体的人聚到一块，从而实现共同的远大目标，我们见过很多这种有超强影响力的人，而吉尔只是其中一个。另一个典型例子是吉姆·施罗尔（Jim Schroer），他是Next Autoworks 的合伙人，Next Autoworks 是一家领先的车企，致力于通过加强供应商、经销商和客户的合作推动创新并降低成本。他们的远大目标是生产防撞、节油、物美价廉的五星级好车。

吉姆说让所有人都参与到这种史无前例的协作中，最重要的就是让他们相信，公司始终坚持美好初心。

比如，当 Next Autoworks 征求经销商的想法，经销商们通常都回复："以前从来没有车企问过我们这种问题，你们是要对我们不利吗？想套出我们的想法，然后再转头透露给其他的经销商？"而吉姆的团队往往回复："我们只是想听听你们的想法。我们想要跟你们一同努力。我们希望能够打造所有人——客户、经销商、生产商——共同受益的良好业务关系。"于是经销商们也接受了这一雄心勃勃的目标——造出更安全、更高质量且更便宜的车。

➜ 有用的洞察

想一想伊万的那条标准：在每一天结束时，可以坦然地说这一天没有浪费生命。它对你意味着什么？这是否会影响你一天的工作计划，影响你对轻重缓急的排序，影响你花在工作和家庭的时间，以及你如何应对不可预期的挑战和困难，你如何与身边的人相处？

➜ 操作步骤

思考一下，什么事情能唤醒你内心的激情，且是你和你所在组织共同的目标。找到你所在组织或行业中，最有可能跟你怀有同样热情的人，找到那些能帮你扩散这一激情的人。然后制定实现目标的策略。思考如何通过与其他团队、部门甚至竞争对手合作，使其触及更多人，让你憧憬的目标成为现实。

在你的个人生活中也是一样。先找到你内心真正在意的东西，然后想想有哪些朋友和家人会愿意跟你一起去实现你的目标。

如果你发现自己很难找到目标,那就试试丹尼尔·平克(Daniel Pink)的"人生一句"练习,他也是畅销书《驱动力》的作者。想想你人生最重要的追求,以及你想为它做什么。然后把你的答案浓缩成一句话——比如,"他帮助提升了残疾儿童的生活质量",或者是"她编写的软件让医生为病人提供更好的治疗"。

第五章　声誉：胆小鬼也能变身大人物

建立良好声誉需要 20 年，毁掉声誉只需要 5 分钟。如果你想清楚了这一点，你会有不同的做事方式。

——沃伦·巴菲特

非联结型影响力诱惑力巨大的一个重要原因是，它很容易。你不需要关心人们买你账的后果，因为你压根儿没有这一打算。哪怕你的行为伤害了对方或者让对方失望，你也压根儿不在意。而如果他们需要你的帮助也只能自求多福，因为那时候你早就杳如黄鹤。

然而，联结型影响力需要你证明，自己值得他人长期的信任与相守。要让他人支持你的卓越追求，你也需要支持他们……哪怕这并不符合你个人的短期利益。他们想知道，你是真心追求你们共同的成功。他们还想知道,当他们陷入困境,你会站出来,哪怕代价高昂。简单说,你要成为一个英雄。

你为了帮助他人所采取的行动——或者说你拒绝采取的行动——可以永久建立或者摧毁你们之间的联系。想知道这种选择的威力有多大,可以快速做一下下面的练习:

试着回想你个人感到非常艰难的一个情境。

试着回想当时意识到你处于艰难境地的人。

试着回想那些人针对你的处境,所做的(或没有做)的事。

试着找出那些不计个人利益得失或者愿意冒险帮助你的人。

试着找出那些主动伸出援手的人,尽管帮助你对他们并无直接好处。

试着找出那些站在你背后给你支持的人,阻止你做出一些势必会后悔的事情。

试着描述那些人所做的事情如何影响你的生活。

所有在我们的要求下做过这一练习的人,都成功识别了在他们最艰难时期给予他们支持的核心人群。很多时候,那些人并没有帮助他们的义务,他们甚至还是冒着巨大的风险提供帮助。

于是我们问大家,那些无私帮助过他们的人是否时至今日依然影响着他们，所有人都毫无例外真诚地表示的确如此。他们说，那些帮助过他们的人，也是他们乐于追随、愿意无条件支持的人，如果能通过任何一种方式帮上忙，他们甚至会觉得是一种光荣。而且，大家都很开心能有机会宣扬那些帮助过他们的人。与非联结型影响力不同的是，这种感激永不过期。

人们一次又一次地告诉我们，对他们影响最大的人，从来不是那些劝说他们做某些事情的人；相反，是那些真正关心在意他们并表达出那份在意的人。正如一位被采访者说的一样："那个人的使命就是不让我一败涂地。"

所以，如果你打算追求某种远大目标，一定要坚定地站在那些能帮助你实现梦想的人的身后。无论是志得意满还是人生失意，在他们需要你时，站在他们身后，给他们启发和力量。另外还要记住，联结型影响力不适用于胆小鬼，正如吉姆·克拉克（Jim Clark）和拉里·克拉克（Larry Clark）证明的那样。

升任英国保诚保险（Prudential Insurance）西区运营总裁之前，吉姆·克拉克只是芝加哥分部的区域经理。他听说一个叫拉里·克拉克（两人并无亲属关系）的人在芝加哥高地（Chicago Heights）运营着一家很大的超市。保诚保险的保险代理和他们的妻子经常去那儿购物，还不遗余力地向身边所有的人推荐，因为人们都很喜欢跟拉里做生意。

吉姆求贤若渴，对于有着这么好口碑的人，很想见上一面。后面当他真的见到拉里，发现正如大家所公认的，面前确实是一个才华横溢、公平正直、专业贴心的人。吉姆暗自决定，要做一件大事：虽然看上去希望渺茫，但是他要让拉里加入他的团队。于是，他开始了让拉里加盟保诚的求才之旅。

这件事主要有两个大的障碍。一是拉里本身就有着不错的职位，而且在门店经理这个岗位上也干得很好。另一个障碍是，拉里是非裔美国人，而自1965年以来，保诚保险集团内部还从来没有过任何一个非裔员工。事实上，当他决定聘用拉里时，因为拉里是黑人，吉姆遭遇了来自同事的巨大阻力。

吉姆知道他一定能克服这些阻力。不过首先，他需要赢得拉里的心。

拉里说吉姆每周都会到访他所在的芝加哥高地店，并邀请他一同午餐。拉里反复说："吉姆，我不需要去保诚。我在这里有一份很好的工作。"而吉姆则会说："没关系。"然后下一个礼拜，又如约而至，然后两人再一块喝咖啡、用下午茶。

连续9个月，吉姆每周都去。他逐渐了解到拉里工作的状况，他的个人目标，他的忧虑。他还去拉里家，见到了他的太太。他认识了拉里的父母，拉里的小舅子，以及拉里所住社区的管理者。吉姆还邀请拉里和他太太跟自己的太太孩子聚会。

然后事情有了转折。一天,拉里提出想在周五下午请一个小时的假,因为他身体不太舒服。但拉里的老板说得等到下周一才可以休假,因为店里还有一个销售项目在推进。

"当时我非常不舒服,我都快无法吞咽了。"拉里说,后面检查才发现是脓毒性咽喉炎。

但拉里的老板坚持:"得等到周一才能休假。"

在担任经理的两年里,拉里所负责部门的销售额增加了三倍。在那家店工作的七年半中,他总共只请过两天假——一天是他女儿出生,一天是他祖母过世。

事情就是这样。拉里拨通了吉姆·克拉克的电话。

当拉里提出离职,老板试图挽留。他们主动提出给他一部分门店的所有权,给他丰厚奖金,还承诺帮他买一所大房子。

拉里拒绝了。"你们对待我的方式,就像对待地板上的口香糖。"

当拉里终于意识到这一事实,他知道自己该投奔谁。因为他知道,他的专业能力对吉姆有用,他还知道,吉姆跟他的前老板不一样,吉姆是一个正直的人。

拉里说:"吉姆从未动摇过对我的信心。人们质疑,为什么要让一个黑人加入公司。但吉姆始终态度坚决。这需要有非凡的勇气。他的声誉岌岌可危,被迫应对各种不利局面。"

拉里去找房子，也遭遇了歧视。在某个地段，同样的房子，给他的报价要高出 19000 美元，对白人买主的报价为 49000 美元，而且只需要支付 10% 的首付，而作为黑人买主他就需要支付 15% 的首付。于是他决定换一个社区。拉里说："房屋中介看到我们过来，竟然躲进了柜子。我打开门，就看到那个人跪下了。他以为我们要把他痛揍一顿。我跟他说：'你起来吧，我知道你的回答是什么。'"

于是吉姆再次为拉里站台。他鼓励拉里在他所居住的社区买一座房子，吉姆愿意为拉里做私人背书。一开始事情很顺利。拉里找到了一座报价 29000 美元的房子，只需要支付 10% 的定金。

"这在我的预算范围内，"拉里说，"不过后来那个房屋中介不断找借口提高定金，一开始是 2900 美元。后面更是提到了 8000 美元，这已经掏空了我的口袋。交完首付，我的银行账户里只剩下 35 美元。"

告诉吉姆后，吉姆说："不管首付是多少，你不要担心。签好相关的书面手续，不管还缺多少，我都给你补足。"说完，吉姆给了他一张 500 美元的支票，让他存进银行账户以应付日常生活开支。拉里买下了房子，三周以后拿到工资，便把吉姆给他的支票还了回去。

吉姆还把他了解的有关这一行业的知识经验，毫无保留地倾囊相授。不到两年的时间，拉里已经成为全公司3200名销售经理中的佼佼者。作为地区经理，吉姆也在总共560个地区经理中，销售业绩排名第一。

结果皆大欢喜，得益于吉姆的正直和坚持。每当出现困难，面对办公室的流言蜚语和偏见歧视，吉姆总会坚定地支持拉里，鼓励他克服重重困难买下属于自己的房子，他甚至愿意自掏腰包帮助拉里。

在拉里遭遇上面这些困境时，吉姆完全可以放手不管。但他没有这样做，而是主动伸出援手，这也为他带去了超出预期的回报。吉姆要求保诚保险内部要正视这种偏见。他成功引进了有史以来绩效最高的员工，也与拉里建立起了牢不可破的友谊。

总而言之，吉姆是一个英雄。而下一个故事，我们就要来讲讲拉里。

■ 声誉是一点一点挣回来的

拉里出生并成长于二十世纪五六十年代的美国中西部地区，当时种族歧视还在各大公司机构大行其道。在拉里上高中的学校，黑人学生是不被允许去参加舞会的。他们甚至不能在本地的保龄球馆打球，只能驱车到60公里之外的一处偏僻场地。他们也无法在本地的游泳池游泳。不能在酒店或汽车旅馆过夜。外出旅行的话，他们只能睡在自己的车里。（拉里还说："我一直对假日酒店心存感激，因为它是第一家允许黑人入住却不曾大力宣扬的酒店。我当时横穿整个美国南部，假日酒店让我感到安全和温暖。"）

1965年，拉里成为第一个受邀参加当地基瓦尼俱乐部的黑人。当时，基瓦尼还赞助黑脸滑稽戏表演，白人表演者们把脸涂成黑色，并进行表演嘲讽黑人。

拉里参加的第一场会议，就有黑脸滑稽戏表演。拉里说："我当时站了起来，说我有话要说，可能说完这些话我会被人扔出去。但是如果你们试图通过贬低社会的另一个阶层来赚钱牟利，这肯定是不对的。"我的话在现场引起一阵骚动。拉里说："他们进行这种表演已经差不多一百年了，但在场的很多人都认识我，他们也都站了起来，说'他说得对，是时候该停止这一切了'。然后，滑稽戏表演就此停止。"

纵观拉里的职业生涯，有很多人给他支持和鼓励，也有人试图阻挠他的脚步甚至给他泼脏水。有些管理层甚至曾经因为莫须有的原因对他进行监控。拉里立刻提起了反诉。他直接去找审查委员会的负责人。"如果我无法反诉这些指控，我今天就递交辞呈。如果我成功证明了自己的清白，我想知道你们会怎么做，"拉里说，"当时的负责人没有作声，而是看了看递交的信息，并说那些信息荒唐可笑，并立刻取消了指控。我问：'你觉得他们的动机是什么？因为无能狂怒还是歧视，还是说两者都有？'他并没有回答这个问题。不过过了一段时间，诬告的那个人被调离了，而在背后推动这一指控的管理者也突然宣布提前退休。"

拉里完全可以就此发起诉讼，而接触他的律师事务所告诉他，对方如果想摆平诉讼的话，拉里有可能获得1200万到1400万美元的和解费——这是一个天文数字，尤其是在那个年代。但拉里没有如此做。他告诉我们，当时他前前后后想了很久，最后得出的结论是："如果我当时发起了诉讼，在当时的条件下，很可能牵扯进来的少数族裔保险代理人会蒙受巨大损失。他们手头客户的保险服务可能就会被迫中断。而我的人生目标就是帮助少数族裔的保险代理人发展业务，但是那样一场诉讼可能会影响到他们。"

还有部分管理层试图设立全部都是黑人的办公室。他们说："黑人应该就只管黑人。"拉里对此强烈反对，说，"我们只关注是否胜任。坦白说，意大利裔经理是否只应该跟意大利人一块工作呢？"

拉里在公司里获得第一个销售冠军奖时，发生了一件事。"颁奖是在中美洲俱乐部（Mid-America Club），"他说，"芝加哥最高档的餐厅之一，位于保诚保险大楼的顶楼。会场里坐着成百上千的人。颁奖时我被叫到名字，正要上台领奖，观众席一个叫沃尔特的家伙大声说道：'嘿，拉里，你准备拿门前那个大院子做什么，种西瓜吗？'"

会场顿时嘘声一片。

拉里依旧镇定。"沃尔特，只要是和你共事，"他说，"我永远都不会有自卑情绪。"

拉里的这个回应让沃尔特暴跳如雷，气得他把杯子直接摔在了地上。

讽刺的是，没过多久，同样在保诚保险上班的沃尔特的儿子，被安排到了拉里的团队。但拉里丝毫没有针对他。沃尔特的儿子表现出色，拉里还把他第一批提拔为经理。

拉里说："多年以后，沃尔特来到我的办公室想要见我。他双眼含泪，说：'你帮了我儿子那么多，真的非常感谢你，我当时真是太混账了，对不起。我儿子最大的幸运，就是能跟着你一块工作。'"

吉姆和拉里都是通过在面临危机或棘手状况时，依旧坚持自己的原则，从而建立起个人声誉的。他们会为所有和他们共同追求卓越结果的人站台，并以此提高自己的声誉。吉姆通过深入拉里的生活，而拉里则是通过为跟着他一块在保诚保险工作的少数族裔抗争……他还给了沃尔特儿子机会，证明后者是比自己父亲更好的人。

跟他们一样，你也可以通过在危机之下的行动强化你的个人声誉。除此之外，你也可以通过为你重视的某个人站台，潜移默化地影响他人。

比如说，马克就给我们讲了一个他的故事，当时他正经历人生中的至暗时刻，是另一个人的出现改变了这一切。

人在脆弱无助的时候，却幸运地得到他人的关爱，这往往是一个人最容易被他人影响的时刻。就我个人而言，这个人就是威廉·麦克纳利主任（William McNary），当时他是波士顿医学院的教导主任，而我正经历人生中的低谷。

在医学院读了一年半的书后，我的大脑死机了，或者说，至少我大脑的某一部分需要送去医学院修理。我当时基本上把所有课本上的内容都用荧光笔标黄，希望能够把那些案例、表格、信息记住，融会贯通。然而这一切失败了。

但意外的是，我仍然通过了毕业考试，当时我们的考试只有通过或者不通过两种结果。但我并不想成为一名医生，也不想让送到我手上的病人冒险。于是我请了假，并且得到了批准，去找了一些搬搬抬抬的力气活干，因为那些事情不需要像在医学院一样动脑。

一年以后，我感觉自己恢复了正常，于是我回到医学院。但是紧接着那种"大脑一片混沌"的感觉又回来了，在强撑了6个月之后，我彻底崩溃了。然而我还是通过了考试，之后我再次请求休学。

现在大家可能不知道，学生交的学费远远覆盖不了培养一个医学生的成本，所以政府也会提供补助金。如果有人空缺（比如有人请假休学），学校就会失去这一笔补助金。而我当时就是这种情况，由于我的个人原因导致学校再次遭遇财务危机。

于是院长决定跟我见面聊一次。跟教导主任不同的是，院长对学校的财务危机更为关注。

一周以后，麦克纳利主任——或者说麦克，我们都这么叫他——让我去他的办公室。他用带着浓浓爱尔兰口音的英语，邀请我坐下，并说："马-阿-克，我这里有一封院长写的信，我想你可能需要看一下。"说着，他便把信递给我。

那封信的大意是："我已经与郭士顿先生见面并讨论了他的情况，完成医学院的学业、实习、住院医师培训，对于他来说真是无比艰难，更明智的做法是转向他更为得心应手的专业——甚至是拉大提琴，他本人也表示同意。所以在此我谨向升学委员会申请让他退学。"

我困惑不解，对他说："我不记得自己有讨论过这些，更不记得有同意任何事情——尤其是拉大提琴。这到底是什么意思？"

当时麦克平静且不假思索地说："这意味着你被踢出局了。"

我感觉自己仿佛被人在心口开了一枪。双肩耷拉了下来，垂头丧气。那一刻仿佛世界都被按下了暂停键，差不多过了20秒，我感觉有液体从眼睛里流出来。

麦克耐心地等待我恢复正常，然后带着一种了然于心的微笑对我说："马-阿-克，我知道你没有说过这些话，你把自己搞得一团糟，压根儿就没办法就任何事情达成一致。听着，你之前并没有搞砸（他注意到我仍然通过了所有的考试），但你现在正在搞砸一切。不过我想，如果你不想搞砸，学校也会乐意给你第二次机会。"我的眼泪喷涌而出，因为这是我人生第一次感受到关心，感受到他人的信任。

麦克让我抬起头看着他，对我说："你值得生活在这个世界——这么说以及给你第二次机会的原因，是因为你内心的善良，你现在还不明白你的这种善良对于这个世界有多么宝贵和重要。得等你成长到35岁，才会明白这些。你面临的挑战就是成长到35岁，然后自己找到答案。"

麦克等我恢复镇定。然后用同之前一样坚定的语气说："马-阿-克，你愿意让我帮助你吗？"这不是请求，更像命令——如果他只是说，"如果你有需要我帮助的地方，随时找我"，那么我会对他表示感谢，但绝对不会找他帮忙。那种感觉就像是，他揪住了我的衣领，并告诉我："我不会让你轻易跑掉的。"

那一瞬间，我觉得很尴尬，目光投向远处，但我随后弱弱地回答了一句："我想我愿意。"

针对让我退学的决定，麦克向升学委员会争取到一次申诉机会。这不是一件容易的事，因为他专事学术研究，并无太多职权，而升学委员会是由医学院和相关医院的院系负责人组成的。他让我在门口等，但我必须要向他们直接说清楚我的情况。

我照办了,并详细讲了发生在我身上的一切。几位医生对我的境遇深表同情,但总体情况并不乐观,因为最后的问询环节是由委员会的负责人把控。他是波士顿最大医院的手术科室的老大,他很聪明但是也很直接粗暴,大家都不怎么喜欢他。他听完我的讲述,便对我吼道:"听着,看上去你无法也不应该成为一名医生。医生需要自信果决,而你压根儿不具备这些。所以请你告诉我,我们为什么还要给你一次机会?"

我说:"我刚刚结束了一段短暂婚姻,父亲患上了结肠癌,我也得了甲亢,必须得坚持吃药,而那些药物的副作用让我甲状腺机能不足,以至于我只能给自己注射甲状腺素才能不在课堂上睡过去。"我意识恍惚,甚至不知道这些理由是否能被勉强接受。我不知道自己是否想成为一名医生,也不确定自己是否完全不想当医生。

这时,委员会的负责人手上拿着雪茄,再次对我吼道:"对,你说得对,"然后又重复了一遍他的问题,"所以我们为什么要给你第二次机会?"

我也不知道当时自己是怎么了,但只是直视他的眼睛,用反讽但其实又很真实的口吻反问道:"所以我应该请求你们把我判为有精神问题,然后博得你们的同情吗?"

这时,只见那位负责人将雪茄在烟灰缸中掐灭,转过椅子背对着我，双手抱到胸前沉默着。

整整5分钟，房间里鸦雀无声。然后麦克让我先回避一会儿，他们会针对我的事情进行讨论。我走了出去，在一层楼梯上坐下，用手扶着楼梯冰冷的金属栏杆。过了15分钟，麦克走了出来，在我身旁坐下，说："马-阿-克，不管是一年，还是五年，波士顿医学院永远欢迎你再回来。"

然后我再次休学一年，去了门宁格基金会，并在托皮卡州医院以医学生身份工作了一段时间。我可能未必适合在医学院上学，但医院里的医生们告诉我："你在跟那些精神分裂的农场青年沟通方面真的有一套。你很擅长这个。"

后来我回到了医学院，并顺利毕业，继续在加州大学洛杉矶分校攻读医学。作为回报，自那之后我便以影响和帮助他人寻找希望、成功和生活的意义为己任。

差不多10年之后，我再次去到波士顿医学院，与麦克主任共进午餐。我问他为什么要助我一臂之力。他笑着跟我说："因为30年前有人这样帮过我，这也是我为什么想成为教导主任并帮助像你一样的人的原因。"

作为故事的结尾，后来我和我的妻子给我们的第一个孩子取名比利，这是麦克的名字威廉的昵称。

吉姆·克拉克、拉里·克拉克、麦克纳利三人通过各自不同的方式建立个人声誉。但不管你如何打造个人的口碑——通过台前工作或是幕后工作——它都会让你对你帮助的人以及被他们影响的人产生积极影响。

有口皆碑的声誉会让别人心甘情愿与你交往，同你合作，听你的意见，并对你施以援手。因为基于他们听到的和了解到的有关你的信息，他们深知同你的交往会有好的结果，哪怕你们不曾谋面。而且，正如上面这三个故事主人公所证明的这样，好的声誉会让卓越的结果变得无与伦比。

> **有用的洞察**

如果你这周交往的某个人下周要在网上上传你们的互动视频，供公众观看，基于以上章节了解到的信息，你会如何调整对待交往之人的方式？

> **操作步骤**

乔纳斯·菲茨戈尔德（Jonathan Fitzgarrald）是 GGFC 律所的首席营销官，他讲过年少时他的父母是如何带他和五个兄弟姐妹外出晚餐的故事。他的父亲，等到他们几兄妹闹腾到一定程度，就会身体前倾，做出小声耳语的姿态，但其实又用很大的声音说，"别人都看着呢！"乔纳斯说他父亲的这种方式教会他"我们说（或者没说）和做（或者没做）的事，都在向周围的人传递一些信息"。

若想了解你向周围人传递的信息，可以用一周的时间，做一下下面这个练习：尝试从他人立场审视自己的行为，无论是工作还是在公共场合，还是在家。然后问自己：

你说的做的，传递出什么信息？

你没有说的没有做的，又传递出什么信息？

你认为你的行为会对你的声誉有怎样的影响？

第六章　人际关系：好人缘更容易得到好结果

> 房地产的黄金法则是"地段、地段，还是地段"，医药行业的黄金法则是"关系、关系，还是关系"。
> ——帕特·斯维尼（Pat Sweeney），麦凯森的前资深副总裁

非联结型影响力让我们变得一切都以结果为导向。但这却让我们忽略了关系的打造，以至于会出现很奇怪的情形：越是以结果为导向，结果越糟糕。

当然，考虑结果也很重要——我们需要完成任务，结束项目，通过预算，实现销售目标。结果总是能第一时间抓住别人的眼球，易于衡量、宣扬和验证。

所谓结果也更易于记录，因为相比人际关系的情绪价值，量化结果显然更为显而易见。但更显而易见并不意味着更重要。人

际关系并不总是立竿见影,但其影响却不容小觑。一旦你的人际关系被破坏,人们就会减少对你所宣扬的卓越结果的支持,甚至起到破坏性的反作用。

当然,追求结果并没有什么错。这也是为什么我们强调眼光不应当局限于可行目标,而要追求更远大目标的原因。如果试图以牺牲人际关系为代价,把目光局限在实现目标这件事上,很可能会竹篮打水一场空。

比如说,你回想一下是否曾经历过有人当众羞辱或挖苦别人——比如,在背后对别人的错误或缺点说三道四、挖苦嘲讽?如果仔细想想,你会发现自己其实对做出这种行径的人已经默默在心里降了一等,哪怕这个人当时的言语引得满堂哄笑,哪怕你自己当时也笑得很欢。

而且,笑过之后你会想:"这个人是否也会在我背后说我的坏话?"这个问题一旦在脑海里冒出,就很难摆脱。它会让你降低对此人的信任,并且惮于与对方坦诚相待,建立更深层的联结。这种不信任自然也会成为追求共同卓越结果道路上的拦路虎。

相反,那些在人际关系上倾情投入的人,更容易让大家对他们的宏伟目标买账。举个例子,约翰曾与梅尔·霍尔(Mel Hall)同事数年,后者是盖尼公司的前首席执行官。约翰始终记得自己在盖尼总部与梅尔初识的场景。梅尔带着他穿过公司,一路上在走廊过道会遇到很多员工。梅尔能叫出每一个人的姓名。

他会把遇到的每一位员工介绍给约翰，并告诉约翰他们是做什么的，已经在公司工作了多久，甚至还会提及该员工所做的一些特殊贡献。

"他们是能真正做出一番事业的人，"梅尔说，"如果你真的相信这一点，他们就会成为公司最可倚仗的竞争力来源，所以我必须要让你认识他们。"

我们见过那么多举足轻重的影响者，无一例外都相信这一理念。他们深知，深厚的关系会让他人愿意倾听，愿意买账，而不是满腹狐疑或者站到对立面。

不过要与那些你意欲争取的人建立深厚情感，需要你花费心思和付出努力。下面我们就来看看那些优秀的影响者是如何在日常生活中实践这一理念的。

■ 让人际关系摇滚起来

乔伊·戈尔德（Joey Gold）的履历是我们认识的这些人物当中最独特的：一位摇滚明星摇身一变做了一位航天工程师。

从为摇滚巨星奥兹·奥斯本（Ozzy Osbourne）做暖场演出到为一家大型跨国航天公司操盘技术性项目，乔伊的工作都无比出色。而且，他也是我们认识的最具"联结型影响力"的人物之一，他的故事让我们看到，无论从事什么工作，积极影响力都能带来卓越的结果。

乔伊说："我始终看重人的价值，以最高的尊重礼遇每个人。走在路上，我知道每个人的名字——比如乐队的幕后工作人员、卖T恤的小贩、推销员、乐队乐手、保险代理、公交车司机、座位引导员等。在我看来，生活就是一曲盛大的交响乐，需要每个人贡献力量，而每个人都需要以诚相待。我从内心欣赏感激他们，并希望让他们感受到这一点。"

他还说："现在换到企业工作也是一样。从管理层到他们的行政秘书，再到每天帮我打扫办公室倒垃圾的清洁工，我认识他们每一个人。我对他们每一个人都极度友善，而且是发自内心的。我是真的喜欢他们。每个人都有他的价值，我尽己所能为大家做我能做的事情。每年年末，我会花一大笔钱买很多时思（See's）糖果，然后亲笔写卡片送给所有的助理，他们会负责办公室的日常运转、安保和卫生清洁问题。而我这么做只是因为我想做，并不是因为我对他们有所图。"

乔伊在工作中也得到了他人的诸多优待，并且他还会为自己的团队提供优厚待遇。"我会为下属争取独立办公室，"他说，"订单很多时，我也会亲自上阵提供优质的后勤保障。"

乔伊说，他能得到大家的支持并不是因为他送糖果给大家，而是因为别人能感受到他是真心尊重他们。"做音乐也是一样，"他说，"我也是好莱坞的'好人'——我从不嗑药、撒谎，或者抢别人女朋友。我以真心待人，我觉得这也让我和我的乐队得到了他人的真心相待，并且帮助我们克服了不少严峻问题。但我并非为了让别人为我做事，所以才对他们好。"

相反，他说："我对别人好，只是因为这是更好的生活方式，这也是我父亲对我言传身教的道理。结果也表明，这种真心待人的方式让我在音乐事业上取得了超出想象的成就，让我战胜了癌症，让我重新回到学校攻读数学学位，并拿到电子工程和管理学的学位，并在航天领域开启了事业的第二春，然后我现在还有一个完美的妻子和家庭。上天待我不薄，如果我还不对别人好，我会觉得很惭愧。"

对乔伊来说，与他人深厚的人际联系是实现卓越结果不可或缺的一部分。这也是我们接下来要讲到的这位影响者一生信奉的哲学——事实上，她对此深信不疑，以至于其个人曾实现的一项卓越成就正是基于关系的建立。

■ 锦上添花还是雪中送炭

黛比·奎恩塔娜（Debbie Quintana）是礼品行业的一位创新弄潮儿。她曾入选硅谷"40位40岁以下杰出人士"名单，并赢得了"2011年度硅谷女性影响力大奖"。

黛比是美食家礼品公司（Gourmet Gifts）的首席执行官，这是一家颠覆了整个行业的礼品公司。比如，她率先提出让客户通过视频观看其礼物篮准备的全过程，以便客户在过程中随时按照心意调整。她还组建了一个礼品篮协会，并创办了一家行业领先的杂志。

黛比追求卓越的结果,但她同时也是一位天生的人际关系缔造者。不过,在她一开始决定在所在社区组建职业社交群组时,并没有找到她想找的东西。

既然找不到能满足需求的服务,那就自己提供。所以她决定创建一个女性社交联盟,如今在美国全境有9个附属机构,并在澳大利亚开设了第10个分部。

"我寻求的并不是把各路领导者或大佬聚集在一块,"她说,"我要的不是锦上添花,而是雪中送炭。我希望能有一个地方,帮助普通人和商人成长,能让大家分享所遇到的挑战,彼此谈论所需的帮助,能够坦诚开放,而不用担心被人指手画脚。"

联盟的每一个分部规模都不大,每一位成员都经过精挑细选。他们要找的是真正关心他人并能通过行动表达关心的人。

"这并不适用所有人,"黛比说,"但对我们来说很不错。我宁愿要对的5个人,也不要错的40个人。我希望建立的是真正的关系。"

"撇开装腔作势,"黛比说,"其实人们很脆弱。人并非时刻都要展现出自己无所不能,其实也可以寻求帮助。我们不想要伪装。不想要虚假。当然,我们在一起很欢乐,我们也不害怕面对那些丑陋的东西。我们展示出自己的脆弱,我们寻求帮助,哪怕这其实很难,会让人尴尬。"

黛比举了一个例子。"有人可能会说,'我不知道怎么用脸谱网,这有点丢脸。事实上,我跟不上这些新科技,也不知道我的生意能否继续。我压根儿就不懂这些,我被远远甩在了后面,我心里很恐惧。'"

"然后我们就会环绕在那个求助者的身边。我们会问一些问题,比如'你有哪些特质或者特点是想要提升的,为什么?'。每年我们都会颁发一个灵感大奖,围绕个人特质、应对恐惧、品质和承诺所设的一个奖。"

这一独特社交组织里的人都从这一参与中获得了职业发展上的助益。但这些并不是最重要的。结果是顺其自然获得的,最重要的是在一个以人际关系为导向的环境里与一群人建立起真挚的关系。

■ 用美捷步的方式打造关系

谢家华(Tony Hsieh)是美捷步的首席执行官,美捷步是一家非常成功的线上售鞋公司。他对关系打造的观点与黛比·奎恩塔娜的观点非常相似。在《回头客战略》(Delivering Happiness)一书中,谢家华写道:

> 我个人非常不喜欢那种商业社交活动……相反,我很喜欢参加聚焦于打造个人关系的活动,去了解他人,无论他们在商业社会处于什么样的位置,或者哪怕他们不是商界人

士也没有关系。

我觉得每个人都有他们有趣的一面。你要做的只是挖掘出那一面。我的感想就是与非商界人士建立关系比与商界人士交往要有趣得多，因为前者总能提供不一样的视角和观点，而且和他们之间的关系也更为真挚纯粹。

当你遇到一个感兴趣的人，如果只是抱着与之建立一段友谊，而非试图从对方那里得到什么的态度，那么你发现之后发生的事情，会让你的生意或者是让你个人的情感受益。虽然我也不知道这一切背后的缘由或者为何如此，但当你开始用心经营一段关系，两到三年后你总能发现对自己是有利的，而且所得到的东西往往超出关系建立之初的预期。

对黛比和谢家华而言，好的人际关系结果并非来自交易式的关系——如果你把我的名片给你老板，我就把你的软件介绍给我的老板——一开始也不是奔着某个明确目的（尽管最后的结果让人惊讶）。相反，一开始都是始于一种互相成就的初衷，彼此分享力量，彼此袒露自己的脆弱，不求回报地提供帮助，彼此之间的关系也不是仅限于名片交换。

得益于这种真诚建立人际关系的坚持，黛比和谢家华被尊称为"超级导师"，受他们影响的成百上千人又将这种影响力分散传递开去。不过接下来我们要讲到的这位影响者，则是通过询问他人有什么能"指导"自己的方式来打造关系的。

■ 与"胖脑瓜"为伍

《实用天才》(Practical Genius) 一书的作者吉娜·卢丹 (Gina Rudan),给20岁到35岁之间的人贴了一个很吸引人的标签,称他们为"胖脑瓜"(这是因为在人生的这一阶段,人大脑的脂肪含量远大于之后的老年时期。)。按吉娜的说法,"胖脑瓜"们是一群年轻的、充满活力、虔诚专注、思想前卫的人。相比更年长的人,他们技术熟练,更愿意做出不一样的事情,在解决问题方面也更加大胆且富有创造力,会把玩和工作结合到一起,而且最重要的是,他们敢于尝试新事物。

吉娜说每个人的生活中都应该有几个这种"胖脑瓜"。她自己身边就有不少,是她的良师益友。

她说:"我是在上一次金融危机中辞职创业时有这个想法的。我知道自己应该去到一群非主流人群之中,也就是说创业者们,我得进入一个全新的圈子。"

于是吉娜参加了一个在得克萨斯州某个牧场举行的活动,活动名为"智慧头脑聚会",是由一名叫丹·莱克(Dan Lack)的年轻创业者组织的。吉娜说:"那场活动聚集了年轻的思想领袖们,有些人创立了公司,有些人管理着非营利机构。我知道我找到了自己的大本营。"

然后吉娜开始跟那些差不多只有自己一半大的年轻人们敞开心扉,并且每天记录。"有一次,我请求丹做我的导师,他大笑起来,我说:'我是认真的,我需要你的引导,告诉我应该读哪些书,参加哪些活动,我们之间也可以建立起一种非交易的关系。'"

那是三年前的事情。"在很多方面,我们简直是天壤之别,"吉娜说,"他是一个年轻的犹太男性,来自美国南部。而我是一个来自纽约的波多黎各女人。但我们的关系发展得很好。甚至于我的丈夫和儿子,也跟丹和他的亲戚们相处甚欢。人们说,'我不敢相信,你竟然会花这么多时间跟一个25岁的年轻人相处!'我丈夫已经50岁,我也年过40,而丹·莱克现在已经完全成为我们家庭的一分子了。"

因为吉娜,丹也相当于有了第二个家庭,可以用他们的方式支持他。而因为丹的缘故,吉娜也了解了很多有关音乐、时尚、科技、社交媒体的新鲜事物。她还学会了如何把工作和娱乐结合,如何把解决问题和社交结合。

"那是我以前的工作经历中所没有的,"吉娜说,"我们在社会环境中讨论工作,比如沙滩、乡村咖啡屋、音乐会,在我家的后院。做这些决定他们完全不假思索。商务会议和社交会面对他们而言是一回事。他们做的每件事都成为一种经历。而且我觉得这是一种能让你获得不同视角、启发思想和激发动力的创新方式。"

吉娜还说他十分看重自己这位年轻导师坚定的决心。"我们这个年纪的人很容易感到筋疲力尽,"她说,"但他们从不停歇。

他们从不放弃。"

吉娜在这群年轻人身上看到了他们是如何思考、工作、感悟生命、理解潮流的，也借此改变了自己的生活。因此，很多同龄人开始进入中年危机，吉娜还在不断向上成长，无论是个人生活还是职场生涯。作为回报，她也会同年轻人分享自己的职场经验、知识以及能力禀赋。这是一个互相受益的结果，不管对她还是对她的"胖脑瓜"朋友们。

说到人际关系的话题，我们还想跟大家介绍两位通过帮别人牵线搭桥来强化口碑的影响力高手。

珍妮·马丁（Jeanine Martin），作为 Avanade 公司的全国医疗总监，通过为别人不断提供机会打造自己在行业内的口碑。她说："我是一个百分百关系驱动的人。我会花费数月甚至数年时间来经营关系，甚至不求回报。"她说人们叫她"连接器"，说这话的时候一般还会加上她标志性的谦虚："我是小人物妮妮，但我有能力与大人物连接。"这项能力帮助她成为深受州政府和当地政府、医疗学术界、企业、独立医疗机构信赖的咨询者。

与此类似的是，来自一家金融保险机构的迈克尔·阿特曼（Michael Altman）也是一位传奇的社交达人。他说他的秘诀从来都不是秘密。"无论何时我遇到任何人，我都会试图向他们学习，并思考我认识的哪个人可以为他们提供帮助。事情就这么简单。"

迈克尔有多看重这一目标？多年来，他几乎每一天的中午之前，都会做这样一个自我介绍。

■ 深耕人际关系胜过一味发号施令

跟其他那些影响力巨大的人物一样，大卫·海勒梅尔·汉森（David Heinemeier Hansson）是一家创新生产力软件公司 37signals 的合伙人，他深知打造关系远比达到目的更重要。

"决定都是短期的，"大卫说，"很多时候最重要的事情并不是要做到完全正确。其实我们做的决定当中，很少有哪些决定需要绝对正确。我们更关心的是从自身位置出发的长期效果。所以我会允许其他人赢得辩论。"

举个例子，他说，早年间公司需要做一个决定，应该在客户试用软件的一开始还是等到试用结束再询问客户信用卡信息。"我的想法是，我们应该一开始就获取这些信息。但其他人觉得等到试用结束之后再问，可能结果会很不一样。我的个人假设是，这种想法未必正确，而且浪费时间。我们将要花两个礼拜的时间去做这件事，这显然也会浪费人力物力。"但团队中的很多人对此都很兴奋，于是大卫和杰森·弗雷德（Jason Fried, 37signals 的总裁，与大卫合著《重新工作》一书）便让团队放手去做。

大卫的解释是："我们是要玩一个长期游戏。为什么这种情况下一定要使用否决权呢？那样的话很可能会损害员工的积极性、责任感和主人翁精神。反正让他们去试一下，之后再改回来也没有关系。我们对类似的想法始终抱开放的态度。哪怕最后行不通，无非浪费一点资源，但他们能够从中吸取经验教训，而且会更加投入、更有动力地工作。他们也会对工作更有兴趣，更加关心组织整体的利益福祉。"

大卫还补充道："当然，还有一件事，就是我也有可能犯错。"事实上，如果你现在登录网站去看，会发现你在结束免费试用之前，压根儿就不需要提供信用卡信息。所以他的同事们不仅很有热情，而且他们的想法其实是对的。

大卫也不认为把公司的官网主页设计成插图风格能够行得通。但他并没有直接拒绝，而是用一周的时间进行测试，然后再回到之前的方式。"结果注册量大大增加，"大卫说，"我错了，而提出这一想法的同事是对的。如果你用对的方式对待他人，那么无论你自己的想法是对还是错，最后你都是赢家。"

通过选择长期游戏，而不是强迫别人按自己的想法行事，大卫把公司打造得很成功。与此同时，他也与一群敬业负责的伙伴建立了深厚的感情联系，他们知道自己是被大卫重视的，所以也希望能为公司创造更多价值。

■ 影响力达到巅峰该如何打造关系

本书的一大核心信息就是，即便你一开始无足轻重或者身无分文，也可以成为一个影响力强大的人。不过我还是要提醒很重要的一点：哪怕你达到影响力的巅峰，建立和强化人际关系的工作也不能停止。

丽莎·拉维佐-莫雷（Risa Lavizzo-Mourey）是罗伯特·伍德·约翰逊基金会的主席，该基金会是美国最大的专注于健康和医疗的慈善基金，拥有高达90亿美金的资产，每年要捐出近3.5亿的资金。作为一个慈善组织，其积极影响无疑是巨大的。

但拉维佐-莫雷博士说："我们的使命是改善健康和医疗行业，但是我们不能命令社会改变。我们无权制定政策，无法直接提供服务，我们也不生产医疗产品。我们只提供信息。我们与人打交道。我们影响他人。这就是我们做的事情。我们的影响力和良好的信誉，是我们最大的资产。"

眼下，该基金会正专注于达成一项卓越成果：战胜儿童肥胖。拉维佐-莫雷博士说，至少需要一整代人的努力才能扭转肥胖的趋势。为了实现这一目标，她说："我们要找到一个超越党派意识或者至少符合两党意识的方法——让两党政府都能发表意见。"除此之外，她还把各行各业的人都聚拢起来——从宗教领袖到食物制造商和零售商——一起为美国儿童创造一个更健康的未来。

■ R&R 测试

本章我们重点关注促成卓越成果的三个 R［结果（Results）、声誉（Reputation）、关系（Relationship）］中的第三个 R。这三者并非互相排斥。事实上，正好相反。

这三个 R 不可避免地互相联系。你会发现这三者你方唱罢我登场。特别是通过自私自利的行为达到某种结果，意味着对一个人声誉和人际关系的致命打击。这样一来，再实现卓越成果的机会也随之流失。

这也是为何我们实验中这些最具影响力的人，哪怕是在短期行为中也会思考长期影响。他们追求结果，但是更关心实现结果的过程。在每一次的与人交往中，他们不会在做成事情和赢得信任和自信之间做取舍。周围的人知道他们不仅是影响力高手达到目的的工具，更是他们希望达到的目的。

不过，尽管如此，还是非常容易掉入为了追求结果而牺牲声誉和关系的陷阱。事实上，这也正是非联结型影响者们犯的核心错误。需要付出有意识的努力才能改变这个坏习惯。

下面是我建议大家每天都做的一个心智练习，能够帮你始终关注另外两个容易被忽略的"R"，即声誉和关系。我们将其称为 R&R 测试。

在你与另外的个体或群体交往互动之前，先问自己一个问题：在这段交往中，我要如何打造关系，并为建立正面声誉打下基础？

交往互动过程中，确保你所有的行为都符合以下标准：我要说的话或者我要做的事情确实能增加他人对我的信任、尊重以及自己的可信度吗？如果把我说的话或者做的事录下来，我是否能自豪地向那些我在乎的人分享这段视频或音频？

交往互动之后，重新审视你自己的行为，并问自己：我是否做到了正直、清晰和尊重？跟我打交道之后，他们是否变得比之前更好？我是否需要澄清某些误会、纠正错误，或者挽回错过的机会？

如果你每天都问自己这几个问题，你就能打破只关注"得到我想要的"这个恶习，并让自己进入建立持续一生的人际关系的良好愿景。找到令人尊重的方式会让事情变得更好。你会关心结果，也关心通往结果的道路上其他人经历了什么。最神奇的是，当你花时间经营声誉和人际关系时，你将取得超越预期的卓越成果。

有这样一则古老的寓言：两名工人在砌墙，一名工人只是机械地做着抹灰和码砖的动作。当别人问他在做什么时，他说"我在砌墙"。另一个人表面上也是做着一样的事情，但是显然动作更敏捷轻快，眼睛里还闪烁着光芒。当被问到在做什么时，他说："我在建造一座教堂。"

如果你能打造一种强有力的联系，让他人看到他们是你要达成的卓越成果中不可或缺的一环——而且你也希望成为他们目标实现中的一环——他们就不会只是为你砌墙而已。而是你们在齐心协力建造教堂。

➡ **有用的洞察**

任何一场商业交易都以个人关系为基础。

——大卫·布拉德福德（David Bradford），
Fusion-IO 前首席执行官

➡ **操作步骤**

寻找机会，让别人参与到你的对话、会面或者项目中来，并且让其认识到这也将帮助他们实现卓越成果。比如你可以这样问：

在我们今天的对话中，如何让你的时间得到最大化利用？

如果这场会面（或者说项目、提案、汇报等）进展顺利，结果会是什么？

对你来说，如何让这次会面成功？

对话中应该包含哪些内容，让你想尽快再次对话？

第三部分　用心倾听：眼睛看不到的地方，耳朵却听得到

要实践联结型影响力，你需要打破干扰你了解其他人真正想法、期望和需求的障碍。在第三部分，你会了解到如何通过听他人言语中的弦外之音做到这一点，掌握"四层次倾听"的技巧，成为能影响他人的人。

第七章　设身处地，聆听弦外之音

> 倾听是一件有魔力又奇怪的事情，是一种创造性力量。我们总愿意靠近那些乐于倾听我们的朋友。
>
> ——卡尔·门宁格（Karl Menninger），精神病学家

无论你想实现的卓越成果是什么，你只能通过与他人联结才能实现。要实现与他人的真正联结，你需要跳出把你困在个人立场上的盲点。所谓盲点，其本质就是会让人很难看到它所遮挡的东西。但如果你无法看到盲点背后的东西，还可以选择倾听。

我们所说的这种倾听——姑且称其为学习式倾听——包含饱满的热情和笃定的谦逊。学习式倾听的言下之意就是，我们还不了解。意味着我们需要努力用对方的语言与其联结，尽可能避免受个人偏见的干扰和阻碍。不屈从于个人判断，而是暂时把个

人主观意见摆到一边。

一旦我们掌握了这种倾听方法,就能吸引他人靠近,并让他人真诚地认同你。带着强烈的学习和理解动机去倾听他人,会让你获得真正的共识和承诺,而不是人为的阻碍或者仅仅是表面的附和。正如我们接下来的这个故事要讲到的,这种倾听的力量如此强大,以至于能迅速改变某段关系,甚至改变整个世界。

星巴克如何让乐坛传奇重回巅峰

格伦·巴罗斯(Glen Barros)是现代音乐史上最传奇故事之一的男主角。

他是和声(Concord)音乐集团的 CEO,而这家公司致力于打造"不朽的音乐经典",而非那些流行一阵便销声匿迹的音乐。他们创作推出包括爵士、世界音乐、蓝调、根源音乐、摇滚、流行乐和节奏布鲁斯等类型的经典乐曲。

和声音乐集团还开发新专辑,寻求各种创新的方式打动观众,而这也是故事的起点。 这个故事是关于制作传奇人物雷·查尔斯(Ray Charles)的最后一张名为《真情伙伴》(*Genius Loves Company*)的专辑。

2003 年,和声音乐集团与星巴克洽谈合作。当时,星巴克已经开始在咖啡门店里出售音乐专辑,不过他们售卖的大多是各大唱片公司已发行的专辑。和声音乐集团与星巴克据此推论,每天有数百万的顾客踏入星巴克咖啡店，那么便可以通过合作录制专辑，让那些已经淡出粉丝视线的艺术家重新与大众建立联系。格伦说："如果你邀请业已成名的音乐家，选定合适曲风录制专辑，放到每一个星巴克的前台，那么对顾客、艺术家和整个世界都是一件幸事。"

于是和声音乐集团和星巴克签署了一项合作协议，和声音乐集团便开始寻找合适的音乐项目。很快，接触雷·查尔斯并创作一张对唱专辑的想法浮出水面。格伦知道这对于星巴克来说是一个绝佳的项目：雷·查尔斯本身在美国家喻户晓，而当时他职业生涯行将结束，新推出的专辑当时卖得并不是特别好。

推出一张对唱专辑，就像法兰克·辛纳屈（Frank Sinatra）在20世纪80年代末所推出的那样，必将会立刻引人注目并引起轰动。格伦认为："谁会不愿意跟雷·查尔斯一起唱歌呢？"不管资深大咖，还是当红新声，这样的名单轻轻松松就能列出一长串。而有了星巴克的加持，雷·查尔斯新推出的专辑也有可能创造销售纪录。他知道星巴克的知名度，定然能让这个项目取得成功。

这是一个聪明的主意——但想真的落地实现，其实并不容易。

格伦说，试图通过公司与雷·查尔斯实现合作难度非常大。雷的经纪人试图保护他的利益，提出了很多不可能实现的要求。幸运的是，格伦想办法与雷本人建立起联系。他跟雷说了前面的重重阻碍，以至于双方无法达成协议，看起来想做成创新专辑几无可能。雷·查尔斯听完之后，给的回应是："该死，这些人是来替我工作的！你过来，我来拍板！"

格伦于是在雷的办公室拜访了他。格伦心里知道，自己最重要的是要找到雷和他的经纪人如此纠结的原因。所以他并不打算向雷兜售这个项目，而只是抱着学习式倾听的心态。他这么做了，然后很快就找到了问题的症结所在。

原来，在雷职业生涯发展的不同阶段，都有人试图占他的便宜。比如，以前跟音乐专辑有关的每一项费用都能够报销，甚至包括餐费。雷说那是一笔巨大的开销，需要提供牛排、龙虾、名酒等昂贵的食物款待各路人马。这些费用全部都是从他口袋里出，但他却做不了主。

格伦说："在我们的见面交谈中，雷说：'我不想为任何人的午餐埋单！'"

当他弄清楚雷的立场和想法，自然就能对症下药。他郑重强调，除了雷本人，任何人都不能擅自动用这笔收入。格伦提出了一个非常规的处理方式，任何一方都无法先于对方获得收益。雷说："我明白你的意思，我觉得很公平。"于是项目顺利推进。

录制的第一首歌是跟雷的毕生挚友，同时也是蓝调巨星B.B. 金（B.B.King）对唱。它是一首颇有趣味的歌——其中充满录音室里老朋友间的调侃打趣。

但其实那个时候，没有人知道雷马上就要开始与晚期癌症做斗争。格伦说："一开始一切都很轻松，但当雷了解到自己的身体状况后，你便能在歌里听出他的心情。给人完全不同的感觉。那是他生命最后的、深刻的告别。"

最后一首歌是与埃尔顿·约翰（Elton John）对唱。差一点就没有录成，因为那时候雷的身体每况愈下，几乎已经无法前往录音室。一天早上，雷打电话给专辑制作人约翰·博科（John Burk），说："我现在感觉不错，我们试一次吧。"当时埃尔顿恰好正在洛杉矶录制他自己的专辑，他也知道雷的情况，所以毫不犹豫地丢下一切配合雷。

格伦说："那个场景感人至深。看到他们两人在录音室无间合作的画面，我永远不会忘记。我想当时雷知道自己已经时日无多。所有人都为之动容。埃尔顿·约翰也情难自禁，无法控制悲伤情绪，所以第一遍录制并不顺利。"

雷意识到其他人对自己的这种担心和关切会影响进度，于是他再度展示了他的勇气和标志性的领导力——他有意开了个小玩笑，以缓解现场的紧张气氛。他和埃尔顿继续录制，共同完成了一个精彩绝伦的作品。尽管那算不上雷最完美的表演，但歌声中流露出来的深厚情感和意义，是无与伦比的。那首歌也成了雷·查尔斯一生的绝唱。

《真情伙伴》这张专辑后来一举夺得包括年度专辑等8项格莱美大奖，也创造了单张专辑夺得最多格莱美大奖的纪录。它自然也成为雷有史以来最成功的专辑，全球售出550万张。它也是留给所有艺术家、所有热爱音乐的人的宝贵财富。如果没有格伦这种倾听的能力，那么也就不会有这张专辑的面世。

格伦在行动之初，就已经设下了卓越的目标，为了实现这一目标，他需要用学习的态度去倾听，以此发现雷的经纪人为何会阻挠协议，以及雷为何不信任像格伦这样的音乐制作公司老板。如果只是使用一些操纵人心的套路或技巧，他无法找到想要的答案。相反，他需要用心真正倾听和理解雷想要表达的内容，并建立起真挚的情感联系。

有了这一步之后，下一步就是站到雷的立场，并提供一个超出他预期的方案。所以最后的结果就是，他们一起创造了这些美妙的音乐。

格伦的倾听方式不止于听，也不仅仅是准确获取信息并重复对方所说内容的问题。这种倾听，不再有内心那种无聊的独白："我得等这个人说完，好让我讲我自己的观点。"

相反，这是一种需要全情投入的倾听体验，是完全沉浸，去理解。调动视觉、听觉、感觉，深入另一个人的世界，并从中获取信息。

有效地倾听是一种充满共情和共鸣的探索，是深入探索另一个人的想法、感受、思维和态度。而从结果来说，这是一趟通往真正理解的旅程。

那么如何确保这趟旅程顺利呢？在第八章，我们会展示具体的学习式倾听（我们更喜欢称其为联结型倾听）的步骤。就像联结型影响力模型的所有步骤一样，也是一种你只要用心就能学会的技能。

不过首先，我们先来讲讲聆听弦外之音。

一位聋哑音乐家的学习式倾听

TED 网站有一个名为"艾芙琳·格莱尼（Evelyn Glennie）告诉你如何倾听"的精彩视频。主讲人是苏格兰敲击乐器乐师兼作曲家艾芙琳·格莱尼，她幼时就几乎失去了全部听力，然而却成就了自己开创性的音乐事业，包括赢得两项格莱美大奖。

每当有人问格莱尼："你靠什么听？"她的回答是，"你靠什么听？难道只是耳朵吗？"她说自己并不仅是依靠耳朵听音乐，"我还会通过我的手掌、手臂、颧骨、头皮、肚子、胸膛、双腿去听。"

真正的倾听，她说，并不只是顺其自然地发生。还需要你用心去感受，让自己沉浸在节拍旋律中，无论是情感上还是身体上。倾听需要调动你的多种感官。它并不是一种被动的反应，而是一种创造。要想真正倾听，你必须用心感受当下体验——而非只是用脑。

格莱尼的建议，不仅适用于聆听音乐，还包括倾听他人的真知灼见。与其割裂地分析他人的只言片语——这会让你不由自主地开始思考如何反驳、反对或寻找借口——你更应该专心倾听，就像聆听音乐那样。去感受音调、节拍、旋律、和弦和情绪。不仅要听具体的言语，还要听对方说话的方式，以及对方没有说出口的言外之意（这非常重要）。倾听彼此时，格莱尼说，我们要避免判断，而是"要用我们的身体作为共振腔"。

格莱尼还提醒，不管是音乐还是人际关系，如果期望立刻就有化学反应其实是一件危险的事。她注意到，我们接触的音乐99%是全新的，而且很容易就能说"哦对，我喜欢这首。哦不，我不喜欢那首"。但她又说："我发现我其实需要给那些音乐一些时间。可能只是我和某首特定的曲子之间没能产生化学反应，但这并不意味着我有权说它是一首坏音乐。"同样地，她说，我们也需要花时间去解读他人进而真正地欣赏对方。

格莱尼特别提出下面一点至关重要：倾听并无客观可言。比如，一场音乐会上，你可能会处于演奏乐器的上方，或下方，坐在音乐厅不同的位置。因此，每个人听到的音乐都是不同的，哪怕他们其实听的是同一场表演。

同样的道理，就人际交往而言，我们说出口的话进入他人的耳朵，也往往会掺杂着自身的想法、感受、激情、先入为主、偏见、盲点、能力、野心和经历体验。这也是为什么说，尊重倾听的主观性是一件很重要的事。我们需要不断提醒自己，就像格莱尼音乐会上的观众或者前面讲到的打节拍者和倾听者一样，不同的人对于同一场会面、对话或者演讲发言，都会有不一样的理解。要想真正理解并与他人建立联结，我们需要听出别人的弦外之音，并花时间、精力去理解欣赏，哪怕并非我们一开始听到的旋律。

不过聆听他人的弦外之音——打破非联结型倾听的习惯，学着用了解的态度倾听，就像格伦·巴罗斯对雷·查尔斯那样——需要刻意练习。要想成功，你需要刻意避开那些非联结型的影响技巧，并用联结型的技巧替代，从而达到真正的和谐。在第八章，我们将告诉你如何通过四层次倾听来完成练习。

➜ **有用的洞察**

要了解他人信息中的弦外之音，需要从内而外倾听，而非从外向内。

➜ **操作步骤**

用一个月的时间，试着用你的耳朵、眼睛、心和身体去倾听他人，比如：

不仅听对方说的内容，还要听表达的方式——他们的语调、节奏、高音、重音、变调、节奏。并且在每一段重要对话中，都问自己：还有哪些没说出口的言外之意？

观察他人的表情和身体语言，并逐一验证这些是否跟你听到的内容一致。

倾听他人的情绪和情感。他们对于所说的事情是什么样的心情？你觉得他们为什么会跟你说这些话？

倾听时，体会语言如何在身体里引发共鸣，这样你就能真实体会他们表达的内容。问自己：他们是什么样的心情？如果我是他们会是什么状态？倾听你的身体。用身体倾听。

在回应之前，先不要急着下判断。花一点时间去听、去体会、去理解，并努力理解更多的内容。

第八章　掌握最高级倾听

> 三人行，必有我师焉。我的任务就是要花足够的时间倾听并化为己用。
>
> ——杰克·尼古拉斯，艺术家

此前我们将倾听对话与聆听音乐对比，其实两者之间的可比性不止这些。如果想做出真正好的音乐，或者成为能真正欣赏歌剧或交响乐的人，你需要培养自己的技巧。联结型倾听也是一样的道理。它并不会顺其自然地发生，你需要让它发生。而且练习得越多，你的技巧才会越娴熟；而你的技巧越娴熟，结果也会越好。

练习倾听，这听上去可能有点奇怪。毕竟，你本来就每天都一直在听人说话。但重要的是：倾听有很多种不同的方式，并不是所有方式都可行。

非联结型影响者往往采用最无效的一种倾听方式，其结果就像马克·吐温所说的一样："大部分对话都只是有人在场的独白。"这种对话不仅很难实现好的预期，而且往往会让事情停摆。

要练习这种增加影响力而非摧毁影响力的联结型倾听方法，你需要高层次的自我训练。而在此之前，你首先需要了解每一层次的倾听都意味着什么。

下面列出倾听的四个层次，从最低到最高。

■ 第一层次：逃避式倾听 = 充耳不闻

这种倾听方式与其说是倾听，不如说是逃避倾听。倾听者对别人说的话其实只是过一下耳朵，应和着两句"啊哈"，但是对别人说的话并没有任何兴趣。他们看上去心不在焉，通常也的确如此。有时他们甚至会一边听人说话，一边忙着检查邮箱或者用手机发短信。而这种情况下，说话的人往往会觉得自己被忽略、不被重视，至少没有被认真倾听。第一层次的倾听可能会让说话的人烦躁、郁闷，甚至愤怒。

■ 第二层次：防御式倾听 = 只听某个点

这种倾听是带着个人防御心理的。可能很快做出反应，但很少过脑子。这类倾听者会对别人说的每件事都提出异议。他们并不是认真对待事情,而是把每件事都个人化。这种倾听者往往让人觉得很难伺候,所以久而久之,人们也就会避免和他们相处,因为和他们对话让人筋疲力尽。第二层次的倾听往往让人感觉沮丧和郁闷。

第三层次:问题解决式倾听 = 用脑听

这种倾听是为了达成某种结果。是一种旨在解决问题的倾听。所有交换的信息都是严肃的、目的明确的。问题解决式倾听者往往更注重听事实,从而推动事情的解决。

在某些合适的情况下,这种方式会有效果。但如果倾诉的人不仅是为了求得一个问题解决方案,用这种倾听方式就很容易让人觉得沮丧。第三层次的倾听可能会让焦虑的心情暂时平复一些,但仍然会让对方感觉不被满足、没能释放,以及不被理解。

如果你想真正解决问题,很容易犯的一个错误就是使用这种问题解决式的倾听,因为它让人感觉很高效。它的重心只放在当前的事情上,追求给出结果导向的建议。而它最大的问题在于,这其实是一种假高效。人不是机器,并不是输入某个程序,就能自动开始执行任务的装置。第三层次的倾听,尤其是面临的问题比较复杂或者涉及较多情绪时,往往会造成更多的误解。

■ 第四层次：联结型倾听 = 用心听

这是最高层次的倾听，是我们所有人都渴望的方式。联结型倾听者致力于充分理解对方。了解对方的情绪由来，对他们而言很重要，因为只有这样才能给予真诚的支持。

用这种方式倾听时，你不会表现得倾听是一种负担并想方设法避免倾听（第一层次），或者倾听的同时带着防备心理，对任何不确切或者感知到的攻击反应过度（第二层次），又或者倾听仅仅是为了快速找出解决方法，进而搞定具体的问题（第三层次）。相反，你的倾听是为了理解另一个人，并与他建立起更坚固、更强大的情感联结。

联结型倾听需要用心，需要弄清楚对方的心路历程和内心感受。这是一种设身处地，而非以我为主的倾听。这种倾听也无须按部就班，因为重点并非你的回应如何，甚至并不是一定要提供什么帮助。因为如果你不对他人需求做一些盲目的预判（事情可能跟你想得很不一样），时机合适时，你能提供意想不到的帮助。

正如我们在第七章讨论的那样，联结型倾听需要全心全意——用你的耳朵、眼睛、心和身体。另外，也需要打造一个空间，并全情投入。下面是具体的做法：

第四层次倾听的艺术

- 无论何时，选一个让他人感觉舒服、能敞开心扉的时间和地点。
- 可以不时停顿，用沉默给他人留出更多思考和说话的空间。
- 不要分心，百分百专注于你所倾听的人。倾听时，要让人觉得世界上没有比与对方建立联系更重要的事情。与对方的话产生共鸣。
- 要努力克制从自身立场出发为对方提供解决方案、自我辩解或者自我解释。相反，要时刻记得抱着了解和学习的态度倾听。可以问一些类似下面的问题：

那对你意味着什么？

当时你什么感觉……

你怎么看……

当时你还有什么想法？

你还有什么感受？

关于这件事，你的想法是？

你的观点是……

你一开始听到时是什么反应？

你觉得它最好的部分在于……

在此基础上，你觉得最好的方式是什么？

如何才能让那种势头持续？

当你开始使用第四层次的倾听方式，也要知道这并不总是一件容易的事。事实上，你很可能发现，这是你目前为止应用整个联结型影响力模型最具挑战性的部分。而且需要花费时间练习才可以掌握好它。

要理解个中缘由，你可以回忆一下我们在第二章讨论过的人性陷阱。人的大脑天生具备防御本能（战或逃），天生认为自身是正确的，容易落入习惯陷阱，以至于倾向贬低对方，认为其没理解你所传递的信息。所以一开始，你可能就要避免变得自我防御、主观武断，或者听到类似下面这些话时急于求成：

"你的计划行不通。"

"我不同意你的观点。"

"你错了。"

"我不能按你的想法去做。"

"这个问题没有解决办法。"

不过好消息是：每次当你成功处理一次这样的对话，事情就会变得更简单一些（你可以把这理解为拉伸你的倾听"肌肉"）。同时如果你仔细观察周围人的回应发生了哪些转变，也会更加有动力继续这么做。

事实上，如果你跟我们采访调研的那些有强大影响力的大咖一样，你肯定会积极寻求实践第四层次的倾听，因为它会指引你找到光凭自己找不到的答案。而很多时候，那些答案会帮你实现卓越的成果。下面就是一个典型例子：

■ 倾听他人，其实也是认识自己

凯尔文·艾比（Calvin Abe）是 ABHE 景观建筑公司的总裁，这家公司在景观设计、城市设计和环境规划领域获奖无数。

凯尔文对他要追求的卓越结果始终保持激情：重新联结城市和自然。"要达到这一目标的前提是，"他说，"打造一个能让企业为地球做贡献的空间。除此之外没有其他理由。这是我们的立场和选择。"而他还特别乐于倾听那些帮助他将这一梦想转变为现实的人们。

他说："倾听让我重新找到了完整的自我。是大家唤醒了我的热情。有人可能会说，'你说的是合作，但我并没有从你这儿得到好处。'如果我做了蠢事，身边的人会及时直接指出，这无疑让我获得了信任授权。"

"打造空间"是凯尔文作为公司管理者最核心的主题。作为管理者，他说，他需要打造一个能让设计师们做成事情、让他们能够与他人建设性地处理冲突，并学习和成长为职业精英的空间。

凯尔文努力打造的这一空间让真正的倾听得以发生。而且很多时候，他是倾听最多的那个人。

他说："你要如何打造一个因敬业工作而不妥协，而非为对抗而对抗的空间？这不是什么拿来即用的方法，而是一种舞蹈，你并不需要时刻想着它。只不过是让人们自然地进入冲突，不带任何评判或指引地倾听。是倾听具体的问题，但无须对问题做出回应，以免火上浇油。大部分人只是想被听见，只是想表达情绪而已。如果你明白了这一点，你就可以做到倾听。而当你以身作则地真正倾听，人们往往会自己找到答案。"

最近，ABHE 公司面临一个挑战，多个紧急项目需要同时处理，但可调配的人力却捉襟见肘。这让整个公司都面临巨大压力，所有人都心知肚明。凯尔文于是召开了一次会议，并在白板上写下议题和时间表，然后就坐下了。他什么也没说。只是听。一切由团队拿主意。

最后，一名年轻的项目经理提出一个能按轻重缓急分配员工时间的绝妙办法。"没有人完全得到他们想要的，"凯尔文说，"但是所有人又都觉得可以接受。"

在凯尔文领导的过程中，即便他什么也没说，但人们会自然而然发现相比当前问题，还有更重要的事情。"觉得还不错"并不只是针对眼前的任务，还意味着要继续提升，并寻求让事情变得更好的方法。

"这个地方是一个生活实验室，"凯尔文说，"是一个让人成长的空间。"

人有时需要一位心灵清洁工

第四层次的倾听之所以行之有效，并不仅仅因为它能达成目的，而是因为——正如凯尔文所说——它帮助人们成长。这种倾听，让原本的冲突转变成了新想法生根发芽的肥沃土壤。它让大家都能参与进来，共同努力让事情变得更好，无论他们在企业中是什么角色。

而第四层次的倾听还附带实现了一个奇迹：它提供了心灵的缓冲地带。

在当今世界，工作中跟难缠的人打交道，或是家庭危机，或是被邮件和短信淹没，又或是高速公路上的喇叭声、广播、互联网和电视中听到的令人沮丧的消息，都很容易让人觉得难以负荷。所以，我们活得就像一个过载的调制解调器。我们吸收信息或理解他人的能力被挤压，而且没有什么能够真正触及我们。

当一个调制解调器负荷过载，不再处理网络和电脑之间的信息，你会怎么做？断开联结，让它休息一会儿，清除所有缓存，然后重启。

人其实也是一样。如果你倾听的不仅仅是他们说的话，还能听出他们想说却没有说出口的内容——甚至于更深入一点，他们的感受——就相当于重启和清除缓存,让他们释放内心的紧张、压力、愤怒、恐惧或失望。当你做到这一点,他们也会反过来倾听你。

当其他人压力特别大或觉得喘不过气时,有一个办法能帮你"拔掉调制解调器的插头"。如果你读过马克的《倾听的力量》(Just Listen),应该就已经了解这种让人们短暂释放压力的方法。如果没有,下面是方法。

当人们感到生气或愤怒地发泄情绪时,他们以为你会回击,以为你会反驳,或者给出一无是处的意见,或者直接跑开。但此时你恰恰不能如他们所想,你要做一件让他们完全想不到的事:鼓励他们说更多。你可以使用下面这些句式:

"关于……多说一点。"(你可以选择一些有情绪能量的词,就像你要揭开伤疤让脓血流干净。)

"是吗……"(用一种"你还没说……"的口吻,鼓励他们继续)

"所以……"(帮助他们专注在想要传递的信息上)

当你这么做时,你会看到人们开始呼出一口长气。当他们表达内心的沮丧、愤怒或恐惧时,他们会垂下双肩,脸上的表情也随之变化,呼吸变得放松。而且,他们会感激你帮他们卸去肩头的重负,并极有可能愿意帮助你作为回报。

当然，并不是所有人都处于需要如释重负的状态（尽管我们大多数人至少部分时间会有这个感觉）。不过哪怕人们并没有感觉焦虑或烦躁，第四层次的倾听也能让他们展示出最好的样子。因为它能激发他人，帮助他们跳出自身局限去思考，并推动他们对生命中重要的事情进行深入思考。

纳丘姆·布雷沃曼（Nachum Braverman）生活在洛杉矶，他运营着一个马克已经参加了好几年的男士交流小组。布雷沃曼向来以帮助他人思考人生，并响应内心呼唤做出好的选择而名声在外。

布雷沃曼的倾听方式与苏格拉底的方法有异曲同工之妙，先是引导他人进入随意轻松的交谈，然后帮助他们进入更深刻的反思。

苏格拉底可能会说这样的话："我看到你最近很忙，手头上一堆事情——你肯定想了很多生活中哪些事情才是重要的吧。"用同样的方式，布雷沃曼也会先问一些简单的问题——你吃了什么？你要去哪里？然后再慢慢引导问一些更私人和抽象的话题：你喜欢现在的工作吗？你对自己的生活满意吗？为什么喜欢，又为什么不喜欢？他引导大家谈论自我，谈论他们所做的事情，以及他们为什么会做这样的选择。接着再延伸到更深层次的话题，比如他们的人生目标，他们的家庭，如何更好地活着，以及如何更好地迎接死亡。

布雷沃曼说:"我唯一的目的就是能帮到他们,我发自内心地关心他人,不辜负他们的信任。因为关心,所以我会努力去做到理解。我思考他们的人生选择,就像我为我自己的孩子思考人生一样。我想这能帮助他们更加打开自我。"

他还补充说:"比起说,其实我更多的是倾听。人们一般很难做到仔细地倾听别人。他们并没有试图去理解并弄清楚他人真正想说的内容,并帮助他们更好地阐释表达。相反,大多数人倾听,只是为了从别人那里得到某些东西,或者立刻转移话题,在压根儿没有理解他人所说内容的前提下,就迫不及待抛出自己的观点。"

布雷沃曼还说:"绝大多数人都极度缺少真正被倾听的经历,从来没有。尤其是男性,他们没有这种可以畅所欲言的群体氛围。很多男性都很孤独,因为他们缺少真正的倾听。"

正如布雷沃曼的工作所展示出来的一样,联结型的倾听不仅有助于个人生活,也能在职场中发挥积极作用。与之类似的是,在分析完一个心理治疗师的数千个个体及家庭咨询案例后,马克发现几乎在每一个案例中,要影响他人并让他们有正向的改变,第一步都是采取高层次的倾听方式。这一简单的动作可以带来洞察,安抚情绪伤痛,经常还能让你与多年来处于愤怒、敌对或毫无同情心状态的人建立起内心联结。

如果要跟自己身边最亲近的人实践这种治愈式的倾听，马克说，你需要抛开自己内心的不满，放下日程工作以及以自我为中心的执念。然后，询问深层次的状况。比如说，在一场激烈的争辩中，只需要停下来说："所以你告诉我，你到底发生了什么事？"如果对方和盘说出，请不要攻击对方或者为自身辩护。你只需倾听了解就好。当你让对方看到，你真的关心在意，愿意用这种方式倾听，他们也会放松下来，并打开心扉，而不是设置障碍，把你阻挡在心墙之外。

我们还跟一位影响力巨大的大佬聊过，风险投资家兼企业家布拉德·菲尔德（Brad Feld），他跟我们分享如何使用第四层次倾听的方法，成功保住了他生命中最重要的一段关系：与他妻子的亲密关系。如今，布拉德是风险投资公司 Foundry 集团的执行董事。他还是一家名为 TechStars 的创业加速器组织的联合创始人。布拉德告诉我们，过往的经历让他明白了职业压力所能造成的痛苦和折磨。在他的职业生涯早期，那几乎葬送了他的婚姻。

2001 年，在经历一周高强度高压力的工作后，他像往常一样把所有精力都放在工作上，这时他的妻子艾米貌似平静地说了一句："我受够了。"

布拉德说："是的，这一周确实很辛苦。"

艾米说："不，你没明白。你已经不是一个好的同居伴侣了。"

布拉德心里知道，这种时候他需要倾听对方。所以他说："告诉我应该做些什么。你给我定规矩。"

艾米说："这听上去可不怎么浪漫。"布拉德也意识到妻子说的没错。这确实不是他能做到的最浪漫的形式，但事情已经跟形式无关。他需要改变，他需要倾听，才能成功。于是他告诉艾米："你给我一些指引，然后你就等着看吧，我能做到的。不过我可能漏掉了一些东西——你告诉我，我需要听到些什么。"

于是艾米说出了自己的想法。布拉德认真倾听了。

那一次对话的成果是，他们现在会定期休息放松，布拉德从工作中"抽离"。布拉德把自己的手机交给艾米，并按他自己要求的，直到休息结束，手机一直由艾米保管。

艾米还告诉布拉德，他们每个月需要一次放松的特别晚餐。他们还会在每个月月初第一天，送给对方小礼物，作为小小的庆祝仪式。

布拉德说："我不知道自己能否做到。"

艾米说："你电脑上有日历提醒的，对吧？"

"有。"

"那就在日历上标注出下个月第一天你有约会，并循环设置。直到永远。"

于是布拉德照做。

布拉德凭借着对妻子的倾听，挽救了他的婚姻。他并没有像很多处于类似情境中的丈夫那样：忽视妻子（第一层次），猛烈抨击或试图自我辩解（第二层次），或者只想赶快解决，于是说一些类似这样的话："好吧，我下周带你去吃晚餐，我们一起待一会儿（第三层次）。"相反，他站在艾米的立场，并付出努力去理解对方的想法。

所以，他们能够重建恋爱早期的深层次联结。用布拉德的话说，重建了他们之间的关系，打造了一种"能够安全地开始，当事情变得糟糕时，也能安全地返回"的关系。而这一经历也带来了令人惊喜的卓越结果：一个名为 life.startuprev.com 的网站，布拉德和太太通过这一网站为企业家们提供婚恋建议。

■ 用第四层次的倾听，戴夫赢得麦当劳订单

第四层次的倾听不仅能打造出带来卓越成果的关系，也能将企业带到新的成就高度。很多时候，马克和约翰仅仅是通过教给那些濒临失败的公司的首席执行官和高管们第四层次的倾听技巧，就让整个公司神奇地转危为安。

不过在企业管理的场景下，仅仅学着倾听还不太够。关键是要倾听所有人——不只是 VIP 客户或者高层管理者的声音。除了练习高层次倾听技巧外，我们采访的那些影响力巨大的大拿们还指出，工作场合中打交道的所有人都需要用心倾听。

比如，Wayport Wireless 的前首席执行官戴夫·尤西纳（Dave Vucina），在咖啡厅、酒店、机场、餐厅设置 Wi-Fi 热

点的概念就是这家公司提出的，并借此将一家濒临失败的企业带向成功，其中的关键就是倾听公司里所有人的意见和想法。

戴夫2001年上任首席执行官时，公司正处于倒闭的边缘。但几年之后，这家公司以高价售出时，它已名列"最佳雇主"榜单，还被AT&T评为5000家供应商中的前50强。

到底是什么带来了这样戏剧化的转折？其中一个很大的因素就是联结型倾听，并通过各种大大小小的方式不断实践这一倾听。

戴夫接手公司以后，他把倾听员工、客户、供应商、股东……可以说是所有人的意见，摆在了所有工作的首位。比如，一些员工针对公司到底花了多少钱为员工提供免费苏打水提出疑问。结果发现这一数字是每年18万美元。他们问："这是公司用得最值当的一笔钱吗？如果把它花在招聘人员或者给绩优员工提薪上，或者用于研发，会不会更好？"于是员工们进行了一项公投，发现78%的员工赞成取消苏打水的免费供应。

如果只是想要通过取消苏打水降低成本的话，戴夫其实很容易从上到下推行他的决策——这往往也是首席执行官们最常选择的方式。但戴夫不一样，他选择倾听员工内心最在意什么。

而更大的决定不仅与降低成本有关，还牵涉到提升营收。Wayport 想扩张进入麦当劳、星巴克、巴诺书店之类的零售渠道。但董事会将这一提案打回，表示对这一业务模式的营收感到怀疑。而且，他们该如何打败像 T-Mobile 和英国电信公司这样的巨头供应商？

这是一个好问题。他们要如何利用优势，与那些巨头竞争并赢下麦当劳这样的大客户呢？Wayport 的网络速度足以与竞争对手媲美，但主要竞争对手可以提供免费设备，而且还可以利用品牌优势，这让 Wayport 处于不利的竞争位置。

戴夫也没有答案。但他成功地在公司里打造了一种文化，就是不管是他还是各管理层，都尽量听取员工的意见，事实证明这一举措成效斐然。

在一次团队会议的间歇，一名员工提出一个想法：问题的关键不在于线路和装备，而在于如何帮助麦当劳卖出更多汉堡。

这一想法顿时让团队茅塞顿开，于是他们把重点转移到这件事情上来。他们不再只关注 Wayport 的立场（他们的装备和网络服务），而是转向麦当劳的处境（卖出汉堡）。顺着这一思路，他们真的想出了一个颠覆性的主意。他们对威瑞森（Verizon）、斯普林特（Sprint）和 AT&T 说："告诉你们的客户，如果你们奔波在路上但又需要用网，那任意找一家麦当劳就行。"

相比当时的各种模式，Wayport 打造的这一赢利共享机制极大地吸引了客户。他们不再挖空心思把服务卖给消费者，而是卖给企业，让 Wi-Fi 更容易获取、更便宜、更方便。所有人共赢。

从电信公司开始，Wayport 继续开拓战略合作伙伴。他们转向任天堂，因为任天堂有一个带 Wi-Fi 模块的游戏系统，可以让用户与世界各地的人一起联机玩游戏。Wayport 建议任天堂告诉他们的用户："如果你在行路途中想打游戏……那么可以去麦当劳。"这又是一个共赢的主意：任天堂的游戏用户有了更多选择，任天堂吸引了更多用户，而麦当劳的营收也上升了。当然，Wayport 也从中赚到了钱。

最后，Wayport 成功拿下了麦当劳这个大客户，打败了那些比他们规模更大、资金更雄厚、品牌效应更强的对手们。麦当劳也对 Wayport 的表现刮目相看，主动提出投资入股 Wayport，确保其未来不会转向去当服务供应商。

戴夫说："我从员工们那里学到的东西比在任何人那里学到的都多。我身边也有很多厉害的商界领袖，但普通员工教给我的更多。我经常说，不要总把注意力放在那些高管身上，而是要尽可能多地和公司内外的普通人对话。多与那些掌握了很多一线信息的人交往，你会听到很多你不知道的东西。"

关于联结型倾听的艺术，我们想不出比戴夫更好的定义诠释。无论是倾听同事、客户、朋友，还是家人，请首先假设他们一定会有有价值的东西可以告诉你。把你的个人自尊和日程放到一边，克制住内心想要辩解、争论或解释的冲动。然后只需倾听那些你不知道的信息就好。

这里其实有一个秘诀。无论你自认为对他人有多少了解——即便是你的合作伙伴、小孩，或是共事 20 年的同事——他们总能给你惊喜，只要你给他们创造一个告诉你他们真正洞察和感受的机会。而你从中获取的信息，则会带来更深层次的理解、创造性的解决方案，以及多方共赢。

➜ **有用的洞察**

如果你用心传递这样一个信息："我在意你。我在意你在意的东西。"试想一下，你的倾听行为应该会有哪些变化呢？

➜ **操作步骤**

在接下来的一周里，与身边的人至少每天使用一次四层次倾听技巧。记住，你并非要推进某项日程，无须充满戒备，也不带任何目的，无须证明你的聪明。你只是试图完整地、准确地倾听他人，并给他们更多空间梳理和表达他们内心的感受。

正如凯尔文·艾比所做的一样，先列出一个挑战、事项、需求，或者难题，然后创造一个让他人进入和充分参与的空间和机会。

　　有目的地倾听，但是不要预先设置好任何日程。知名精神分析师威尔弗雷德·比昂（Wilfred Bion）曾说："最单纯的倾听，就是不带任何回忆或动机的倾听。"如果你是带着回忆，那么也就会受过往经历的影响；如果你心有期待，那么定然就会把对方牵引进新的既定日程中。而这两种情况下，你都无法真正倾听对方的心声。记住，单纯的倾听才是你的目的。

第九章 愿意被影响,才能快速影响人

> 通过他人的视角,我们能更好地理解自己。
>
> ——艾伦·J.兰格,心理学教授

在我们的职业生涯中,总会与各种各样的人打交道,从公司的首席执行官到家人们。无论我们与谁打交道,都会发现人们总能立刻意识到四层次倾听的价值。他们希望如此,他们也乐意将谈话从无意义的对白或嘶吼转变为彼此了解的过程。

但有时候,他们会发现要做到这一点真的很难。

为什么呢?原因之一,正如我们在第八章所说,四层次倾听是一种需要学习的技巧。它需要时间打破旧的习惯,然后才能逐渐适应。

除此之外,我们前面也提到过,人性陷阱始终存在,就等着我们落入圈套。那些陷阱会将人困在个人立场之中，阻碍我们感知他人立场。如果你发现自己很难做到四层次倾听，容易陷入争吵、防备或逃避之中，你可能需要在进入一段对话之前，先要完全接受一种新的对话哲学，以此克服这些人性陷阱。

这种新的哲学是，学着去影响他人，以及被他人影响。

被他人影响并不意味着妥协、放弃，你必须表现得软弱、无能或者胆小怕事，抑或是放弃任何自己的原则以求实现某种结果。被他人影响也不意味着你就不能表达异议。

被他人影响的真实含义是，你在对话之中愿意相信自己可能会有部分偏颇甚至完全错误，而另一个人可能有他的道理甚至完全正确，即便对方说的并不一定正确，你也可以从这一互动过程中学到有价值的东西。

被他人影响意味着头脑和心胸的双重开放。人们其实都倾向于向开放的人开放自己，向那些允许自己触碰到对方内心的人敞开自己的心。如果你想加强对那些持有不同意见的人的影响力，允许自己适当表达脆弱远比不为所动要有用得多。

不过，允许自己被他人影响并不像看起来这么简单，尤其是当：你是一番好意；你试图做一件对的事情；你已经做了自己应该做的事情时。在这种情况下，你往往会对自己的观点充满自信，而且你会强烈感受到自己的正面动机，并期盼能够按照自己的方式实现有益的结果。所以你的注意力会全部放在影响他人上，而非被他人影响。

当你处于高压情境下，再想保持开放的头脑和心态也会变得尤其困难。这是因为你会感到压力巨大，所以对于影响他人的效果容易情绪化。比如说，你很可能会想：

"那个人他不听我的。"
"那些人根本看不到我贡献的价值。"
"那个人是故意挡道。"
"那些人是在暗中拆我的台。"

如果你认为其他的个体或群体存在上述这些问题，你就很容易把全部注意力放在扭转他们的看法上。比如，你可能会这么想：

"我需要让他听我的。"
"我需要让他们看到我的价值所在。"
"我需要让他走开。"
"我需要阻止他们拆我的台。"

如果你从这一角度理解他人，就很有可能被认为是心胸狭窄或者自以为是。你觉得自己是在帮忙，是坦诚且真实的，但其实在别人看来，你却是自私自利以自我为中心的。

要理解个中缘由，你需要从人际交往的另一个角度来看。如果有人试图这样影响你,就好似他们早就胸有成竹,好似你只是被安排做他们想让你做的事情,你会是什么感受?比如说……

如果他人认为他们才是合乎逻辑而你逻辑不通,你会高兴吗?

如果他人认为他们才合乎情理而你不讲道理,你会高兴吗?

如果他人认为他们才是对的而你想的都是错的,你会高兴吗?

你当然不会高兴。而你这么做的时候,他人自然也不会高兴。

当有意见分歧时,如果你抱着一种拒绝被影响的姿态,那么也就失去了可信度和与他人联结的机会。你表现得好像一定会拒绝他人的想法,并按照自己预设的路径和结果行事。最糟糕的是,这可能会让你做出糟糕的决定,正如我们接下来要讲的这个故事一样。

■ 耐克的至暗时刻

玛丽琳·塔姆(Marilyn Tam)的履历十分光鲜,曾担任 Aveda 的首席执行官和锐步(Reebok)服饰的总裁。但她最热衷于讲述的一个有关影响力的故事,发生在她的职业生涯早期,那还是20世纪80年代的事。

那时,玛丽琳管理着一家地区服饰连锁企业的分公司。有人建议她应该跟一个俄勒冈的小伙子聊聊,对方想发展连锁专卖店。而那个小伙子正是菲尔·奈特(Phil Knight),耐克公司的首席执行官。

玛丽琳对于这个打造全新门店的概念非常感兴趣,她认为这是一个机会。在那之前,她一直都在同一家公司工作。而这是一个让她从0到1打造一家企业的机会。

不过当她了解完耐克的产品之后,她立刻意识到一个问题。耐克很大程度上都是仰仗运动鞋的知名度,而且运动鞋的设计和生产水准相当之高。不过,耐克的服饰和其他配饰的情况就不可同日而语了。事实上,在玛丽琳看来,当时的耐克只是下单采购一些便宜的库存货品,然后贴上耐克的标签,再标上不便宜的价格。

玛丽琳知道这一定会伤害到耐克公司的口碑,甚至有可能造成一系列的经营困难。在准备跟菲尔·奈特的会议时,玛丽琳始终秉持着她工作以来的四项原则:

讲事实。

组搭档。

犯大错。

就算死，死在自己剑下。

玛丽琳可以预见到，与奈特的面谈必然是一次挑战。不过如果她说出事实，可能一开始会让面谈气氛降至冰点（也有可能持续到最后）。不过比起成为奈特的合作伙伴，玛丽琳更希望抓住机会在这一场面谈中达成她个人的两个原则，即犯大错和死在自己剑下。

玛丽琳于是直接飞到了俄勒冈，面谈竟出乎意料地顺利。事实上，奈特几乎是当场敲定了她的工作机会。玛丽琳的回复则是"尽管我非常想跟您合作，但如果您现在就开始运营门店，肯定会失败"。

奈特有点不高兴。用玛丽琳的原话说："对话马上戛然而止。"

玛丽琳飞回了家，她觉得自己宁愿放弃一个很好的机会，但至少坚守了自己的原则。几周之后，她接到一个电话，是菲尔·奈特的电话。

奈特对她说："我思考了下你说的话，也做了一些调研。你说得对。比起现在贸然开店，需要先确保我们推出的服装和配饰匹配耐克在市场上的口碑才可以。"

玛丽琳马上投入工作。在此过程中，她帮助服装和配饰完成转型，使其从附带销售的产品成功转变为有助于耐克品牌形象和商业成功的关键因素。

亡羊补牢，为时未晚。菲尔·奈特允许自己被玛丽琳影响，而耐克也成功避开了一次至暗时刻。

■ 人脉账户只有盈亏，没有胜负

菲尔·奈特的明智决定，成功让耐克避开了一个足以让整个耐克门店体系功亏一篑的错误。除此之外，因听取他人意见而非固执己见从而躲过致命危险的场景和案例也不胜枚举。

避免犯这些错误的方法之一就是，当你听到内心兴奋的呐喊，"我就要赢了这场争论"或者是被警告"我就要输了这场争论"时，就一定要打起精神。在所有这种场景中，最重要的一条规则：强化你的人际影响力，而不是赢得争论。相反，你要赢的是心和头脑。

试图赢下一场争论，意味着你在与人一较高下，而这定然为失败埋下伏笔。一旦进入争论的状态，便会引发他人进入自我防御或者本能地想要压你一头的状态。很快，事情就会变成输赢之争，而一旦如此，你的激情和先前的准备反而会成为推动事情发展的阻碍。"他刚提出了很有力的一点。我可得好好利用这点反击他。"）一旦这种胜负欲的自我占据优势，失败就是迟早的事。

当你以为自己在争论中表现得异常强势时，事实并非如此。如果你不展现出在智力认知和情绪上的开放性，就很有可能被看成一个刚愎自用或固执己见、冥顽不灵的人。一旦给人留下心胸狭窄的印象，就很可能会被打上不予理会的标签封存。

另外，还要小心更微妙的一种争论方式。比如说，我们经常听到经理人们为某种自我封闭的态度找理由，自称是"为他人坚持立场"。这种争论的坏处在于，他们自称为一些人坚持立场，却拒绝考虑其他人的意见，他们把谈话限定在输与赢的界限内，而这无疑意味着双输。

卡尔是一家跨国科技公司欧洲分部的IT部门负责人。公司总部和大部分的管理层员工都在美国。也就是说，公司的权力中心、最有影响力的人以及优先级项目和资源都集中在美国。

欧洲分部其实只剩下一些边缘化的员工，所以卡尔认为，他强烈维护欧洲分部利益是对的做法。他们是弱者，他们缺少强有力的发声。他们需要一个冠军领导者。

卡尔觉得，如果他不为自己所在地区的利益强力发声，那么就不会再有人替他们说话。如果他不站出来维护这些欧洲分部员工的利益，欧洲分部的业务定然会被不屑一顾。而这会伤害到整个集团公司的利益，因为公司需要在海外市场扩张。卡尔不想让那些依靠他的人失望。

然而，随着时间的推移，卡尔作为地区利益代表的自我认知和其他人对他的认知之间产生了鸿沟。但是却无人直接跟卡尔提及这些，直到有一天，卡尔请一个名叫米歇尔的同事帮忙,米歇尔直直地盯着他的眼睛说:"不,卡尔,我不想帮你。"

"什么?"卡尔难以置信地问,"为什么不?"

米歇尔顿了一会儿,好似在纠结是要据实以告还是明哲保身。最后,她还是决定实话实说。"为什么不想帮你?因为你这个人太难相处了,这就是理由。"

"你说这话是什么意思?"卡尔一脸不解。

米歇尔继续说道:"你想要我帮你?倒是想得美。每件事,每一次,都是关于你的团队,你的人,你的需求,你想要的东西。太让人心累了。你根本不会与团队协作。你从来不改变自己的腔调。你总是试图为你那个部门争取更多东西,好让你们看上去还不错。但我压根儿不在乎你们的境况是否看着更好。"

卡尔愣住了。"但我并不是想……"他试图解释。

米歇尔却打断他:"老实讲,我已经厌烦了听你讲你想什么或者不想什么。这就是问题所在。你总是想着自己。"

卡尔张着嘴巴,却不知道该说什么。米歇尔转身走开。

对卡尔来说,这段谈话无异于晴天霹雳。他一直认为自己是一个敬业努力的职场人,并感到自豪。他从来不是为了自己出头,他只不过是试图做对的事情。在他听来,米歇尔的评价好像完全是在说另一个人。

"是不是只有米歇尔这么想?"他暗忖,"可能只是她的问题。"

幸运的是，卡尔并非完全顽固不化。于是他主动接触其他同事，与他们一对一地聊，并始终强调最重要的是想听他们对他的真实看法。

结果出乎他的意料：同事们的意见与米歇尔完全一致。尽管每个人的表述不一样，有些人更加迟疑，但事实的确如此。无可辩驳。

卡尔原以为自己是一个心胸宽广的人，然而他的想法并不重要。在他人看来，他并非如此。尽管他本意是好的，在他人看来却是自私甚至于醉心于名利的小人。这一切导致他的工作关系紧张并且伤害到他的个人声誉，然而他一无所觉，而且这种伤害需要大量的时间和精力才有可能修补。

正如卡尔后来发现的那样，一旦他人认为你并不会真的听取他人想法，他们也就失去了倾听你的动力。最后被贴上刚愎自用的标签，就会像《史努比》里的那个老师一样。无论他说什么，所有孩子听到的都只是"叽里呱啦"的唠叨。当你试图说你想说的话，哪怕你逻辑满分、有理有据、激情满满或者出口成章，一旦你是带着一颗封闭的心，在他人看来都是一个意思：叽里呱啦。

当你是抱着一种愿意被他人影响的姿态，哪怕意见不同或者感受不一，也有可能让对方买你的账。这是因为你们会彼此靠近，而不是彼此抗拒。一旦彼此之间对立，几乎就没可能再有共鸣。

要彻底向他人证明你确实可以被影响，你需要练习下面两种打开自己的方式：

认知开放：这意味着你愿意接受他人的逻辑、数据、分析和想法。除此之外，也意味着你对他人的想法抱有真诚的兴趣，并且对他们的有益意见心怀感激。认知开放的人一般会说这样的话：

"你真的改变了我对这件事的看法。"

"我以前还从来没想过这点。"

"你能帮我梳理这个过程吗？我想确认自己是否有跟上你的节奏。"

"我想你能帮助我拓宽在这件事情上的视角。"

"啊，听上去你的视角很不一样。能多给我讲讲吗？"

"我错了。"

"你说得对！"

情绪开放：这意味着你对他人的感受、激情、价值观、动力、动机、信仰以及信念保持开放。要学习这种情绪开放性，你需要积极理解他人的经历以及他们为什么会有那样的感觉。情绪开放的影响者们喜欢说这样的话：

"你当时是什么感受？"

"你对此的立场是什么？"

"就这件事来说，对你而言最重要的是什么？"

"从你的经验来看，你觉得我们目前是什么情况？"

但仅仅培养开放性还不够。除了多练习认知和情绪的开放性，你还需要掌握一种额外且关键的技能。你可以把它理解为"闭嘴"的艺术。

下一次当有人跟你说话，而你感觉自己正在积攒怒火或想要做出防御姿态，请记住不管你接下来想说什么，都不要说，无论你多么想说。相反，你一定要停下来问自己："我为什么要回击这个人说的话？"

然后再问自己："是因为他说的内容吗？如果是的话，那么我真正不认同的是什么呢？还是说只是因为不满他说话的方式和态度？"

不管是哪种情况，请深吸一口气，然后问对方："你最需要我理解的重点是什么，以及从你的角度来看，为什么这一点很重要？"这个问题能让你转换到四层次倾听的模式，从而能够完整理解对方的意思。

这样做时，你可能听不到任何有用的东西。你可能会发现，对方并没有任何有价值的东西可以跟你分享。

或者，也可能像菲尔·奈特那样，你会因此获得一个能让你避免人生中最大错误的宝贵意见。

→ **有用的洞察**

不要试图压别人一头。要携手共赢。

→ **操作步骤**

如果你是团队负责人或者经理，想一下身边聪明、有创造力、激情无限的人都有谁，想想还有谁本可以贡献更多力量，但需要你给予空间。如果你判断不了，可以寻求公司里其他人的意见和帮助。

跟你想到的这些人约一个时间见面："我听说你有一些很棒的想法，但从来没有机会让你跟我分享。我现在洗耳恭听，你觉得我们怎样做能够获得更好的结果？"

想想是什么造成了你和生活伴侣，或者你和孩子之间的分歧。询问伴侣或孩子对于具体事情的意见，倾听他们说话时，一定要是全身心可被影响的姿态。特别重要的是，要展现情绪和认知的开放性。最重要的是，一定压制好你脱口而出的冲动，你只需要闭嘴倾听。

第四部分 转换立场：拆掉思维里的墙

一旦理解了他人立场,那就是时候与其建立真正的联系,赢得对方发自内心的支持。为此,你需要练习"联结三部曲"。除此之外,你还需要主动出击,甘愿冒险,用极具创意的方式打破界限。

第十章　用联结三部曲调整大脑的默认设置

当你把人当作人看待，他们自然会呈现人性的光辉。

——保罗·维特尔（Paul Vitale），作家

当你真正倾听他人，便会发现他们的真实想法。而这，会让你轻易进入真正影响力的下一步：让他留在自己的世界。

要明白这一步的重要性，你可以想象这样一个场景：你在一个商场的尽头，比如说东南角，旁边有一家星巴克咖啡。然后，想象你的朋友就在商场的另一头，他旁边是一家玩具店。而你想做的就是告诉他如何到你这边来。

现在想象你自己说的是："要到我这边来，你先到东南角的这家星巴克。"而这句话根本就是废话，对吗？因为你是从自己的角度出发，而非从对方所处的位置考虑。

然而，这正是非联结型影响力模型惯用的交际方式。往往都是从自身立场出发，还期望他人也能从同样的立场开始。但这显然是不可能的。

所以要让他人完全进入情境，重中之重就是要换一种完全不同于非联结型影响力模型的方式。当你通过应用四层次倾听，觉察到另一个人的立场处境，你的目的便是要从对方的视角出发看待问题。当你这么做时，与对方建立真正的联系便易如反掌。

而对他人感同身受的秘密就在于我们接下来要说的"联结三部曲"。只要始终牢记这三步，你就能迅速且有效地从主观视角切换到他人视角。下面我们就来具体看看。

■ 情境觉察：理解对方的处境

在这一步，你会表现出，自己已经了解对方所面临的机会和挑战。你对对方的现实处境感同身受，并设身处地提出有效改善处境的建议。当你这样做时，往往会听到"你真的懂情况！"或者"你真是太了解我眼下处境了"的反馈。

拿我们第一章讲过的那个案例来说，吉赛尔·切普曼让面试她的人感觉到，她是真的理解对方的需求和处境。她意识到对方需要的是一个能够见到医生并了解医生想法的人。于是她便把对方真正想听的东西说了出来——结果就是她顺利拿到了工作机会。

与此类似，我们的派对女王江·比斯坎（Giang Biscan）也是从他人立场出发去组织创业活动的。她意识到，那些人需要免费或者收费低廉的曝光机会、巧妙的想法以及他人及时的援手——而江无疑提供了这些。所以结果就是，所有创业者和投资人都对她趋之若鹜。

■ 个人觉察：理解对方的心思

在这一步，你表现出你了解他人的优势、不足、目标、期待、优先项、需求、局限以及关切。除此之外，你展示出自己愿意在私人关系层面与其交往。如果你方法得当的话，往往会听到人们对你说"你真的很懂我！"或者"你真的理解了我是什么想法"之类的话。

我们最喜欢的一个典型事例就是麦克·克里特利（Mike Critelli），必能宝（Pitney Bowes）公司的前首席执行官，这家公司在商业上取得了巨大成功。麦克最重要的一项优势就是他总有本事激励公司员工实现更高的绩效表现。当被问及这一点，他说："其实真正鼓励他人的往往是一些小动作，而一个领导者需要倾听这些需求。重要的并不是对工资锱铢必较，而是找到对每个人最有意义的东西。"

比如，曾经有一个员工就领养小孩所面临的挑战与麦克交谈，他指出必能宝在领养的福利制度方面有所不足。谈话的几周之后，那位员工和太太就收到麦克祝贺他们成功领养了小孩的祝贺信，与此同时还有公司新设立的儿童领养补助金。

■ 解决方案觉察：理解最适合对方的行动路径

我们经常谈道，领导者需要激励下属，鼓励他人振作精神，但一旦离开，对方又跟泄气皮球一样变回原样。管理者们往往只是给员工打鸡血，却没告诉对方接下来具体应该怎么做。精神需要鼓舞，与此同时也要告诉其如何把握机会的具体指引。当你真正理解对方的所需所求，定能帮助对方前往他们自己都没想过能到达的远方。

在这一点上，你向对方指出了一条康庄大道，让他们能够依靠自己的力量取得进步。你给了他们选择，让他们有一种掌控感。基于你对他们处境和个人情况的了解，你让他们看到事情变好的可能性，并帮助他们更清晰地思考，让他们感觉更好，采取更明智的行动。一旦成功做到这一点，毫无意外你会听到类似"这真的帮了我大忙"的评价。

这也正是格伦·巴罗斯和雷·查尔斯取得巨大成功的关键原因。他看到雷已经被之前的音乐制作人屡屡伤害，于是提出了一个完美的解决方案：通过设立共同财务账户的方式，保障所有人都能公平获利。这让雷看到，格伦并不只是为了钱，他还会考虑雷的感受、其他的表演者，以及音乐的长足发展。

当你在生活中实践对情境、人和解决方案的觉察，定然能更好地理解对方，理解他们的处境，以及他们前行所需要的方向。与此同时，这三种觉察也会带领你通往他人的立场，并帮你带领他们抵达理想彼岸。这也是实现卓越成果的一种有效方式，正如我们这些举足轻重的影响者们的故事所展现的这样，能让人化危为机，让事情柳暗花明。

让愤怒的民众变成感激的听众

我们在第六章讲过乔伊·戈尔德的故事，一位航天工程师出身的摇滚乐手。乔伊在和"爱与恨"乐队合作过程中，也有数不清的精彩故事，尤其是参与奥兹·奥斯本的欧洲巡演时。

作为巡演伙伴，乔伊和他的乐队伙伴必须完全理解奥兹和他的妻子莎朗，不单单是音乐上的理解，还有个人生活上，这样才能确保一切都处于正轨。比如，乔伊说在巡演的一开始，"莎朗就告诉我们说，奥兹是个酒鬼，所以无论何种情况下更衣室或者巡演舞台都不能有酒。因为风险太大，所以我们约法三章。而就在巡演的第三天，黑暗王子奥兹从更衣室出来跟所有人问好，一脸云淡风轻的样子。没过几分钟，他便问我们是否有啤酒。所有人统一回复说没有。然后他便称我们是骗子，还把我们的冰柜翻了个底朝天，试图寻找任何一种带酒精的东西。一通寻找无果，他又恢复原样，还祝我们表演顺利。"

在当摇滚明星的那段日子，喜怒无常的奥兹和他性格火爆的妻子并不只是乔伊唯一需要应对的挑战。乐队成员也会不时出一些幺蛾子。尤其有一件事，当时他不得不利用联结三部曲，才将一个有可能的灾难事件转变成巨大的成功。

当时他和乐队在伦敦举办了两场大型演出，唱片公司于是请他们再举办一场大型的签售会（也就是乐队成员的签名唱片、夹克外套、CD 和其他一些粉丝周边）。地点定在有名的伦敦皮卡德利的淘儿音乐城，并公告称乐队将为签售会的小舞台特别弹奏四首歌。

"然而就在离开酒店之前，"乔伊说，"我们还大吵了一架。我已经记不得当时具体的情况，总之是跟贝斯手想在签售会上由原声吉他伴奏，但吉他手并不买账有关。最后我们分别驱车前往现场，回想起来，我当时也是自尊心作祟。而乐队小伙伴那一次连吉他都没带，因为他们拒绝弹奏。"

乔伊说："我们到达之后，淘儿音乐城的经理人知道我们无法演奏后简直快疯了。我们所属的哥伦比亚唱片公司也是一样。聚集的人群开始有些失控。最后我说，如果我们决定取消演奏，那必须得有人告诉大家，因为现在外面天气酷热人又多，而如果让大家情绪失控的话事情会变得更糟糕。然后其他人都说，'好，那就你去说吧。'"

现在，能想象我当时要安抚那么多人面临的压力挑战吗？他们全部都是乐队的铁杆粉丝，而此时却变得不安和愤怒。他们专程来听一个乐队的现场，结果却无法如愿。

所以乔伊了解他们的需求，理解他们的处境，也知道要如何才能解决他们的问题。于是他把这三个层面的内容融合在一起。

乔伊走上舞台，拿了一个麦克风。"我告诉大家，接下来不会有现场演奏。台下一片哗然。我试图让大家安静，并问他们是否想知道背后原因。他们似乎对此心中有数——只不过他们以为会是一个蹩脚的理由，比如说乐手喉咙发炎。所有人都曾以此为借口取消表演，尽管所有人都知道这是胡说八道。很多打着这个旗号的人，多半是醉酒，或者宿醉，或者嗑药之类。"

乔伊没有编造谎言，他也没有出卖乐队乐手。他只是用了另一种方式解决问题。那无关乎照顾乐手的自尊、内心小情绪，而是为了跟专程过来看他们的乐迷们交心。

"我把残忍的事实告诉了他们。我告诉他们，我们之所以无法演奏，是因为大家都放不下自尊心，大家为该谁弹吉他大吵一架，然后乐手们便把吉他放在了酒店。底下一片沉默。大家面面相觑。过了好一会儿，我听见一对情侣吃吃笑出声，于是决定再进一步展开来说。我跟大家提及某一天晚上的争吵，因为一件'很重要'的事情——后台托盘里的大对虾是否是真的对虾。听我讲完，人群开始热闹起来。我又跟他们讲了很多，讲了很多舞台之下的尴尬经历，包括我自己，有些经历就像个彻头彻尾的傻瓜。听我讲完这些，人群开始歇斯底里。如果他们听不到音乐现场，这便是他们真正想要的——真相。"

之后，乔伊用更多的事实来弥补粉丝们没能听到现场音乐会的遗憾。他告诉大家："我们原本只计划停留两个小时，但现在你们想让我们待多久我们就待多久，无论是签名还是做什么，都按你们的要求办。我们就在这里陪伴大家。"

乔伊接着说："我下台告诉其他成员这个决定时，他们都很生气。但我告诉他们'不好意思，我们都需要去签名'。然后我们在现场足足待了6个小时。这是前所未有的。乐队成员们也一直认为，这是我们有史以来最值得铭记的经历之一，而我们那天其实都未表演。我们跟粉丝们深度交流，并不仅仅只是签个名然后下一个，而是跟他们交流，跟他们说话，了解他们。"

简单地说，乔伊并不是通过三言两语化解的危机。他进行了深入的交流。这么一来，他就相当于同时实践了情境觉察（这些人又热又累又沮丧又失望）、个人觉察（他们是我们的粉丝，自认值得我们用心对待）和解决方案觉察（我们需要给他们有价值的东西，让这一趟没有白来）。

乔伊说："如果我们学开车时会踩刹车，那其他情境下为什么不踩刹车呢？为什么不面对现实，然后把方向盘转到你期望的方向？为什么要正面应对人群的暴怒？为什么不试着转移怒火？为什么不踩下刹车？"

乔伊说同样的策略也在之后与淘儿音乐城的沟通中起了作用，在他之后从事航天工作时同样大显威力。"我现在做的很多事情跟做乐队是一样的。我们把不同的团队组合在一起，维护和销售一系列产品，我得去谈判资质证照的事情，也需要跟一些喜怒无常的人打交道，我还要管钱——其实这些事情都是一样的。我只是把从做乐队中学到的东西应用在了新的航天业务中。而且我跟你说，有些人认为音乐产业应该跟艺术、和平、爱有关，而军工产业则应该是跟战争相关——但实际上音乐产业比军工产业要残酷得多。"

他说："未来有一天，我的软件工程师们是否也会因为某个关键设计评审延迟而暴乱？不会。但我是否需要随时面临各种毁灭式的威胁，并且不得不力挽狂澜转危为安？是的。我无法避免或者逃避。我只是学会了如何掌控局面。"

当人们感到愤怒、郁闷或者恐惧时，我可以通过这种方式给大家提气，因为他们一开始肯定是会发泄或者崩溃。像那种时候，人们一般很难抵挡回到自身心理安全区的诱惑，他们很难主动走出来。但就像我们接下来要讲的这个故事一样，这种"站出来的勇气"正是积极影响力的关键因素，尤其是在关乎生死存亡时。

■ 同事升职，如何庆贺

贝蒂·冈萨雷斯-莫克斯（Betty Gonzalez-Morkos）是洛杉矶儿童医院的一名临床心理学家，她为一家专门收治儿童癌症或血液疾病患者的诊所工作。

她说:"那是一个可怕的工作环境。当人们第一次听到自己的小孩确诊癌症,无论大人小孩都是直接懵了,听不到任何其他的东西。他们的孩子有病,而整个人生都将因此改变,这个消息摆在他们面前。他们需要时间去真正消化所听到的消息。"

贝蒂又补充说:"尽管儿童患癌症的治愈率更高,但总归是癌症。我们需要给亲人时间坐下来消化,允许他们情绪崩溃,并尽量帮助他们应对这种恐惧。这时并不适合立刻给他们塞入更多的信息。见任何人说任何话都毫无意义。他们就跟坐上了自动驾驶舱一样——这是我们后面听患者家属讲的。"

这也是冈萨雷斯博士没有立刻跳转到治疗事宜的原因。相反,在会面之初她会花时间与患者及其家属共情,理解他们的情绪。但仅仅倾听他们还不够,她说。她必须得理解他们所经历的种种,并得让他们知道她能感同身受。

冈萨雷斯博士说:"情绪共情需要表达出你的感受——给它一个定义。如果你不下一个定义——比如,焦虑或恐惧——家属们就不会知道你是真的理解。所以让他们感到自己在感情上被理解,是很重要的。如果不是这样的话,你们就只是聊天,并没有真正的联结。"

她说,"如果没有传递出那种'你真的了解我们正在经历什么'的感觉,那么一切就只是交易。你可能传递了信息,但未必能被接受、听到和理解。如果你不能感同身受,他们就无法产生联结感。给他们的感觉就是你只是在走过场，在尽人事听天命而已。那么一切只是机械进行，你在他们眼中也只是某个权威人物，而非能给他们有用信息，愿意帮助他们，愿意为他们着想的人。"

冈萨雷斯博士还说："我从来没有听过哪个患者家属说，'你怎么知道我们正在经历什么？你的小孩又没有得癌症'。"尽管患者家属可能同样得经历悲伤，但这能让他感觉到是待在他们自己的情绪空间里——能够坦诚地谈论内心的恐惧、焦虑和悲伤——并且她真的理解他们正在经历的事情。因此，他们愿意相信把自己最宝贝的人的性命交到她手上。

当你真正实践这三步，人们便会认为你和他们是站在一边的。他们会知道，你在意他们的观点，他们的喜好，认为你是他们的同盟而非敌人。他们会感觉到，你是和他们齐心协力、共同面对，而不是试图控制或利用他们。

所以，人们会放下戒备心，更加信任，这样就有了更多的可能性，解决问题的答案也就开始浮出水面。这也是为什么这三部曲几乎适用于任何一种情形，从简单的一对一谈话到困难重重的对峙，哪怕对方是愤怒的、猜疑的或者惊恐万分的。

不过，要想积极应用这三步也需要刻意练习。这是因为我们天性就会从自身角度出发，所以执着于自身立场是一种本能。

为了让大家更清楚地了解打破这一坏习惯的难度有多大，我们来做一个约翰的导师、现任教于加州大学洛杉矶分校的萨穆尔·卡伯特（Samuel Culbert）教授开发的一个练习。下面我们具体来看：

想象一下，办公室有人晋升。而她和你算不上朋友，只是相熟而已。

下面是第一个问题。当你看到她，你首先会对她说什么？我想所有人应该都会同意，首先就是说"祝贺"。

那么，接下来的问题是：你第二句说什么呢？

卡伯特教授做了一个大胆的推论。他认为这个问题只有一种正确答案。

乍听上去，这似乎让人很难接受。毕竟这又不是一个数学问题，它关乎人。所以怎么可能只有一个正确答案？

然后卡伯特教授让大家写下自己的答案，收集汇总之后朗读了其中的部分答案。很典型的一些回答是：

"你实至名归。"

"太为你高兴了。"

"你肯定很兴奋吧。"

"如果有任何我能帮到你的事情，请务必开口。"

这些回答听上去都很正常，也不至于冒犯到任何人，是很安全的答案，甚至也算得上是真心真意的。

但科尔伯特说，这里面没有一个是正确答案。他给了大家一个提示：所有这些回应的共同点是什么？这些答案的核心是什么？都是从什么视角出发的？

类似于"你实至名归"和"太为你高兴了"这种答案，事实上也隐藏着一层意思，就是"我想……"。同样的这句话也可以表达成"我想你是实至名归的"或者"我想你应该为此感到高兴吧"。所以这些答案对应的仍然是表达祝贺的这个人的观点，而不是晋升人的视角。

下面是卡伯特提供的一个更好的答案。他说，在说完"祝贺"之后，最好是说"这对于你而言，意味着什么"。

卡伯特接着解释道，与其自顾自地想当然，其实去探索对方真正的想法和感受才更加有效。比如说，晋升有可能是让对方感到惶恐的，也许随晋升而来的更大责任或需要面对更高层的领导，这让她感到惶恐。也许她对随之而来的工作量增加或者出差需求感到焦虑。也许她担心如何跟新的领导或者其他需要打交道的人相处。

事情的关键在于，这是她的晋升，而不是你对此的感受或印象。所以你需要触及她的立场，你的回应应当以她为中心，而不是围绕你自己。

受卡伯特教授的启发，我们又做了好几次"你接下来会说什么……"的主题练习。回答的模式大多一样。

只有一次情况不同。

当时我们正在给一家大型科技公司组织场外会议，全程我们都带领着大家做这个练习。当我们随机朗读一些典型回答时，突然看到一张纸上赫然写着："这对于你而言意味着什么？"这与科尔伯特教授的答案如出一辙。

我们第一次在公布正确答案之前得到了这样一个回答，有人答对了。我们大声读了出来，并询问回答该答案的人是否愿意跟大家分享想法。这时一个名叫玛利亚的女人举起了手。

玛利亚告诉我们，真实的场景在她的生活中发生过。她在上一家公司得到了晋升，然后她也收到了多达百封的祝贺邮件和祝贺留言，都是表达对她升任管理层的祝贺。

然后她说，在所有信息中无外乎"没有比你更合适的人了"和"我很高兴你得到了晋升——你太棒了"。所以她很快就扫完了。

其中，有一封邮件与众不同。

一个名叫杰夫的同事表达了祝贺，随后又在邮件上补充了一句"你感觉怎么样？"这一下子吸引了玛利亚的注意力。为什么？因为内心深处，这次晋升让她非常忧虑。晋升意味着认可，这当然让她很感激。但她也意识到，新的角色需要她付出更多的工作时间，更多地出差，而这与她除工作之外的其他事情会产生冲突。所以她觉得很有压力，很担心，感觉自己身陷压力深渊无法自拔。她感觉孤独又焦虑，而其他人还都以为她欣喜若狂。除了杰夫。

玛利亚于是回复了邮件，并邀请杰夫见面。在两个人的交谈中，玛利亚坦诚讲出了自己的担心，而这也帮助她重新整理了自己的思绪，以及如何针对晋升的相应安排进行下一步的沟通，这样也就能避免被他人的期待绑架。现在杰夫成了玛利亚很重要的一个朋友，两个人一直保持密切联系，她告诉杰夫，她现在已经养成一个习惯，就是当其他人都在说"为你感到高兴"时，她会说"这对你意味着什么？"。

这一个小练习的关键在于，我们天生就倾向于从自身感受出发，哪怕我们已经很努力地想要以他人为中心，哪怕我们自以为是以他人为中心的。从自身观点、想法、判断出发去影响他人，这无疑是错误且费力不讨好的做法。其实只需要稍微用心，这种天性倾向还是能够克服的。

最好的方式就是，在与他人交往时，时刻记着联结三部曲。在每一次与他人打交道的过程中，问你自己：

我是否真正了解对方？

我是否真正了解对方的处境？

我提出的建议或方案是否能帮助对方前进？

除此之外，还要记住卡伯特的建议。当你祝贺、安慰、鼓励他人时，不要从自己的角度立场出发，而是要问对方，"这对你意味着什么？"或者是"你有什么感觉？"或是"你是什么感受？"当你这么做时，也就打开了一条通往更深理解和更深层次联系的大门——而这会带来真正的影响力。

➡ 有用的洞察

不要逃避对峙……要正确引导。

➡ 操作步骤

回想你生命中的几个关键转折点：比如，一次晋升、新生儿的出生或者大学毕业。然后，回想你在上面这些关键节点时的情绪。你是开心、恐惧，还是焦虑……或者兼而有之？

当你完成这个练习，想想还有哪些人正在经历类似的重要人生变化。试着问他们："你是什么感觉？"

第十一章　激将法，让谈话"活"起来

暴跳如雷总好过置若罔闻。

——英国音乐家，嘉文·罗斯达尔（Gavin Rossdale）

让人设身处地为他人着想是一件很难的事，因为它需要你跳出自己的舒适圈。而我们现在给的建议，会带你走得更远，远离你的舒适区。你可以把它想作"极致参与"。

当然这一点只需要择时为之。事实上，你肯定会很认真仔细地选择时机场合。不过如果其他办法都不管用，这一招能让一场僵局瞬间扭转局面，实现想要的结果。

在这个过程中，你不仅要与他人深度联结，你还需要鼓动唤醒对方。这种方式有它的风险，但有时却是打动一个完全冷漠之人的唯一办法。

要理解个中缘由，可以想想马歇尔·古德史密斯（Marshall Goldsmith）——全世界最知名、最受敬重的管理者教练——所定义的"魔劲悖论"[①]。古德史密斯提及："我们在生活中最错误的一种反应就是不去体验快乐，不去体验价值意义，而是都在体验惰性……我们每天在日常生活中做的最多的就是不断重复我们一直在做的事情。"

这也是为什么说真正参与是一件很难做到的事情，也是我们为什么需要将他人摇醒，将他们带离已经习惯的惰性状态的原因。这么做的目的不在于强迫他人想我们所想，而是要让他们正视自身境况，以及如何能改善所处境遇。下面我们来看一个真正有影响力的人是如何做的。

■ 七个小矮人策略

卡伦·萨尔曼索恩（Karen Salmansohn）是一位商业财经作者，也是快乐工作领域的权威。她的著作畅销超过百万册，而她最令人津津乐道的一句话是"自助者天助"。

在卡伦的职业生涯早期，在她取得如今成就之前，她曾应聘过一家广告公司的创意总监职位。卡伦当时的面试时间刚好被安排在工作日的最后时段。她感觉得到，面试官已

[①] Mojo paradox，指我们对正在做的事情由内而外散发出的一种积极精神。——译者注

经身心俱疲百无聊赖。他很可能这一整天都在问着同样的问题，而一大堆岗位候选人给他的答案也是大同小异。

面试官机械麻木地进行着面试。最后，他用毫无波澜的语气问了面试中惯用的结束问题："你有什么想要问我的吗？"

"嗯，是的……"卡伦说着，顿了顿做思考状。要从一堆竞争者中脱颖而出，她知道自己需要做一些与众不同的事情。

"你想问什么？"面试官问。

卡伦的回答是："您能说出七个小矮人的名字吗？"

面试官又问了一遍："什么？"

"您能说出全部七个小矮人的名字吗？"她又问。

"你是认真的吗？"面试官问。

"是的。"

只见面试官满脸疑惑地看了卡伦一会儿。不过他也被这个问题吸引了注意力，也无须急着开始下一场无聊的面试，所以他试图回答这个问题。

"啊，我不知道，我想想……应该有'爱生气'Grumpy、'喷嚏精'Sneezy……'糊涂蛋'Dopey？'糊涂蛋'是里面的吗？不过你为什么要问这个问题？"

卡伦说："我正在研究一个跟七个小矮人有关的性格测试。"

"怎么说?"面试官问。

卡伦给了他一个灿烂的笑容。"你第一个记起来的小矮人名字,其实能透露出很多个人信息。"

面试官顿了一会儿,大声笑起来。"有意思!"他说,"你打动我了。"

而卡伦也成功得到了那份工作。

当然,我们并不推荐在大部分的面试过程中应用这一策略。但在当时的情况下,反正卡伦也没什么好损失的。而如果她能抓住面试官的注意力,并展示出自己具备岗位所需的创意,从而与对方建立起真正的情感联系,却能得到很多。

卡伦的七个小矮人问题,瞬间将面试官从无聊状态拉到一种好奇的状态。她让面试官在疲惫工作日的最后笑出了声,成功吸引了他的注意力。而且她展示出,自己是一个适合一起工作的人——一个能带来新的想法并能在忙碌工作和项目推进困难时调动他人情绪的人。

尽管像卡伦这样的大胆出格行为并不总是能成功,但是在一对一面对某个明显注意力不在你身上的人,通过某种方式冲击到对方却是绝妙的主意。如果你需要唤醒一屋子心不在焉的人,这一方法就更好了,这也是为什么我们经常需要在会面会议中扮演一个气氛调动者的原因。

客户没有问，可他们心里会想

前段时间，在一家头部金融机构的办公室里，马克跟私募基金管理人员聊天。那是一群傲慢的、注意力分散、喜欢挑衅，而且心情状态都不太好的人。

马克的挑战在于，要在他开口之前便使出招数吸引这群聪明绝顶人士的注意力。他估计，自己大概只有30秒的时间可以做这件事，30秒之后就很可能被当作空气。

于是他直接采取了刺激策略。

"我的身家是1亿美金，"马克用投资人的腔调不假思索地说（其实他并没有那么多钱），"而我之前的身家是1亿2500万美金。发生了这种事，人自然会想要换一家帮自己管理财富的公司。所以我来了这里，因为我听说你们是金字招牌。"马克看到屋子里那群基金管理人的注意力瞬间就被提起来了。

"然而，"他又说，"在你们跟我介绍之前，我想先聊聊我们都已经知道的一些事情。你们的宣传册、网站、使命等，跟我现在聘用的那家财富管理公司并无两样。这个房间里估计有一半人甚至都不知道公司的使命愿景是什么，另一半人可能压根儿就不理解。而你们也跟我一样，这个名为'资产管理'的游戏，哪怕1亿美金也不算什么大数目，对于你们这样一个团队而言，也就是九牛一毛。"

"所以我的问题是,"他最后说,"我为什么要换成你们来管理我的财富?"

下面听的人果然上钩了。他们一个个争先恐后地回答:"我们会非常认真仔细倾听客户的目的并帮助他们实现。""我们能提供最好的私人定制服务。""我们有大量为像您一样的客户成功投资的案例。""我们的研究水平为行业顶尖。""你来到这里是因为你已经知道我们的口碑有多好,而且你肯定也知道有多少有钱人愿意把他们的钱交给我们。"

面对这些回答,马克一个个予以回击或反驳,证明他们与其他财富管理公司并没什么两样。这些答案都像是照本宣科,没有激情。

最后,马克无比真诚地说:"你们知道,有公司的口碑在这,我当然相信你们在金融行业是一辆不错的车。但是,我更希望你们至少是一辆豪车。不过从你们的回答来说——尽管我不想这么说——你们更像是一辆随时准备为任何一个来到你们面前的客人装货运货的老爷车。我想我还得继续找找了,或者就还是用我现在的这家公司。"

下面的人愣住了,除了最高层。只见他微笑着,甚至发出两声轻笑,看了一眼下面被挑动起对抗情绪的基金管理人们。

马克等屋子里的人情绪到达顶点,然后说,"如果你们问了我下面的问题,结果就会完全不一样。"

马克说:"首先,你们都急着想拿到我的钱,所以并没有花时间了解我对当前合作投资公司的失望。但如果我放弃他们,那么也意味着一段维持多年的关系最后以不愉快收场。"

"其次,"他说,"我们也都知道,你们也曾让一些客户损失金钱,就像我现在的投资公司一样。如果你们不知道问题出在哪里,那么也就不知道下一次如何避免,而这是你们应该知道的。"

马克接着说:"我还想知道为什么有一些客户最后会选择放弃你们——如果你们不了解的话,那我也会去找他们了解。看,我并不介意你们之前是否犯过错误,我只是想知道你们从中学到了什么,以及是否还会犯同样的错误。"

"还有,"他说,"我想知道你们如何对待身家100万美元的客户——如果你们不是用同样的方式对待他们,你们也就相当于错失了我的衣食父母,而你们必将把他们留给那些愿意真心待他们的基金经理。我还想知道,你们在解释一件事情时有多少耐心,因为在我过世之后,你们还需要跟我的妻子、孩子耐心地解释。"

听到这,屋子里一个年轻人说:"我们的客户从来不问这些问题。"

底下一些年长的基金经理大声笑起来:"是的,不过他们有可能也是这么想的!"慢慢地,下面人群紧皱的眉头开始变为带着后悔的笑容。

这时，马克已经成功吸引住所有听众的注意力。他们从怀疑到愤怒再到思考最后恍然大悟，这都是因为马克愿意去"唤醒"他们。

马克一开始就知道，如果他不去用言语刺激下面的听众，他就无法抓住他们的注意力。如果他只是直接解释他认为他们应该做的事情（也就是从马克的角度出发），他就会失去他们。所以，他选择先让听众们了解潜在客户的立场，让他们看到自己的差距，最后再提供解决方案。而仅仅几分钟的时间里，就成功让人们的情绪从无聊转变到愤怒再到激动。

卡伦和马克的经历让我们看到，当你面对难搞的对象并且需要证明自己时，刺激对方——也就是通过掀桌子的方式让对方反过来向你证明他们自己——有可能会改写结局。

实践这一策略的最好方式之一，便是想象一下对方最想争取的人是什么样子的。马克扮演了一个富豪角色，引得台下的基金管理人想要争取他作为客户。在全世界最聪明的一帮人面前，马克扮演了一个想要更换现有财富管理公司的角色，而前提是对方能够让他赚得更多。

同样的道理，如果你正在让公司的管理层学着如何更有效地激励团队，你也可以采用这种看似反向激励的角色扮演法，对他们说,"我们为什么要对这个新的方案感到兴奋?"或者如果你试图帮你的伴侣了解青春期的小孩正在经历什么,你也可以站在孩子的视角进行扮演:"所以为什么跟我没有任何血缘关系的继父母,能对我的行为指手画脚?"

不过应用这一策略也要小心为之,因为如果你不是全心全意地跟对方联结,这种方式还有可能产生反作用。

当你试图通过刺激对方来抓住对方的心,你需要推动对方从一开始的本能反应(回击)转向你想要的结果(买账)。而要达到这一目的,你需要在开始之前便了解他们的所思所想——这是世界最大智囊团提供的百试不爽的技巧。

故事要从亚历克斯·博纳(Alex Banayan)说起,他是南加州大学一名雄心勃勃的本科生:亚历克斯想要弄清楚,为何一些人总能在职业生涯早期就变得特别成功。亚历克斯研究那些成功者们早期的职业发展曲线,并将发现与他人分享。"我想知道我这个年纪的人能学习一些什么,"亚历克斯说,"以及除了等待,我们现在还应该做些什么。"

亚历克斯采访了许多很有名望的人士,其中一位是苏格·雷·莱纳德(Sugar Ray Leonard),六次拳击世界冠军和奥运会金牌获得者。在离开拳台后,莱纳德之后投身商场,同样取得了很大的成功。

提及拳击事业,莱纳德告诉亚历克斯,按照惯例一般在拳击比赛开始的几个月前,他会跟对手们同时参加发布会。而到场的拳击手们一般都会表现得很强势,彼此放狠话,为拍照的站位而推来搡去,所有这些都是为了提升知名度以及增加比赛的门票收入。

不过莱纳德参加发布会,他会张开双臂走到对手面前,说:"嘿,伙计!好想你!"他满脸笑容拥抱对方,开玩笑地推一把对方的手臂,或者拍一拍对方的背。所有人都以为这只是莱纳德在交际。

但莱纳德告诉亚历克斯,发布会环节其他人都以为他只是耍个性,其实他推对手的手臂、给对方一个拥抱和拍对方的背,全为了解对方的肌肉状态以判断自己的竞争优势,以及之后需要重点加强哪方面的训练。这帮助莱纳德了解对手正在使用的训练策略——而这些信息又将帮助他自己制订和调整备战计划。

不过这跟你有什么关系呢?答案很简单。在你与他人交往时,你的目的肯定不是打倒对方,而是找到有可能达成一致的地方。不过,如果你要通过刺激对方的方式来联结,你可能暂时需要将对方摆在一个敌对位置。要成功做到这一点,你需要确定自己能够准确判断他人面临的真正问题,并集中精力应对。

如果你只是从自己的角度出发,那很可能会想错——比如,你可能以为"那个面试官不喜欢我,因为我是女的",或者"他肯定认为我做这份工作还太嫩了点"。如果你的判断失误，那么刺激对方的点也就会打偏。而且，你还会造成彼此之间的不和谐，因为你本以为自己是有意表现强势和与众不同，但实际上在他人听来你就是无知和傲慢。最后的结果就是，你要么是惹恼对方，要么是冒犯到对方（让别人觉得你压根儿不了解状况），导致双方之间的关系更加恶化。

所以苏格·雷·莱纳德给出的建议是，在你开始刺激对方之前，一定要弄清楚对方的处境和情况。要知而后行，而不是贸然自顾自地揣测。只有这样，你才有可能击中目标……并有更大机会实现联结。

通过刺激对方唤醒对方的某种反应，这种置之死地而后生的办法可以快速扭转局面。不过一定要小心评估谨慎使用。记住：关键不在于刺激对方，关键在于通过某种特定的刺激方式实现联结三部曲。

所以在刺激对方之前，要专心了解你想要联结的人，了解他们的处境，以及他们真正需要的解决方案。设身处地，找到他们无法实现联结的真正原因。之后有意刺激对方也不是为了伤害，只是为了推他们一把。当你这么做时，无论是面对无聊疲惫的面试官还是一屋子的傲慢基金经理——你都会感受到真正的魔法。

➡ **有用的洞察**

刺激对方之前，首先要了解对方的感受。

所以……

如果我们直接问你，"你是七个小矮人中的哪一个"，你会是什么感觉？

➡ **操作步骤**

回想三次个人交往或职场交往中，对方表现得没有同理心、敌对或者冷漠疏离的情形。现在，你再想想对应情况下，你可以用怎样的方式"通过刺激对方唤醒不同结局"？

第十二章　会说 7 个词，就能与老外聊起来

相同点让我们有共同语言，不同点让我们彼此吸引。

——作家，汤姆·罗宾斯（Tom Robbins）

前一段时间，马克第一次去了印度。去之前就有人跟他说，这会是一场改变人生的旅行，事实的确如此。

马克原本期待去印度能够品味到异国美食，结交新的朋友，参观泰姬陵。然而这趟旅程也让他看到了，两种文化在影响他人这件事情上是截然不同的。无论马克去哪里——从德里的高级白领办公室到阿格拉挤满乞丐和小贩、猴子和眼镜蛇与人群相安无事的市场——他发现自己的行程是完全公开的。人们想帮助他。人们想与他建立私人联系。当他们笑着对他行合十礼时，他们是认真的。

马克震惊于他所看到的印度人与他在西方国家见到的印度人之间行为举止的差异。没有羡慕，也没有激动，也没有零和思维（我为这个人做了额外的事情，但是又对我没有任何好处）。

马克不是唯一一个认识到这种东西方文化差异的人。高管教练基思·法拉奇（Keith Ferrazzi）说："我们越往远东走，就越会发现做生意是靠关系的。事实上，在中国，在中东地区，与他人形成牢不可破的关系是真正开始交易的关键。"在美国，他说，"我们对深层次的人际关系并不真正感兴趣。我们只对交易感兴趣。"

但如果想打造正向的影响力，交易关系是行不通的，甚至当你面对的是来自人情社会比如印度、中国的人，这种赤裸裸的交易关系甚至会成为阻碍。对于一个期待温暖和被尊重的人，如果你还是困在一种非联结的、交易导向的思维，困在自己熟悉的文化藩篱中，是不可能真正与对方建立联结的。

相反，在一个多元化世界里，你每天都要跟来自不同背景的人打交道，你需要有能力跨越文化前往对方的世界。你不能只是远远地抱着达成交易的想法，而应该思考如何拉近彼此的距离。正如下面故事告诉我们的这样，做到这点其实并不难。

■ 跨文化沟通的 7 个关键词

布里安·亚当斯（Brian Adams）是澳大利亚布里斯班

格里菲斯大学多信仰中心的系主任。凭借超过20年与来自非洲、欧洲、北美、泛太平洋地区人员打交道的经验，他自然成了跨文化、跨信念、跨信仰交往领域的权威。

布里安说："对绝大多数人来说，能够用符合他们身份认同感的方式与其交往意义重大。"而约翰从布里安身上学到的最重要一点是，哪怕只掌握对方语言体系中的几个词就收效显著。布里安对此有过亲身示范，当时他们两个人刚好在科罗拉多一家名为阿拉伯咖啡馆的中东餐厅吃午餐。

进入餐厅后，吧台后的接待人员对他们表示欢迎，并让他们点菜。约翰开始思考自己想吃什么，但布里安先开口了。他从男人的口音听出，英语不是对方的母语。于是布里安微笑着说菜单上的食物看着都很不错，还用阿拉伯语热情地跟他打招呼："很高兴认识你！"

侍者顿时喜笑颜开。他热情地回应："我也很高兴认识你。"

布里安了解到男人名叫卡梅尔，黎巴嫩出生但在埃及长大。他问布里安怎么会懂阿拉伯语。

布里安解释道，是因为他曾在大学里学过一点，并且他觉得阿拉伯语是一种优美的诗一般的语言。这些年来，又在几个说阿拉伯语的国家生活过，所以又多掌握了一些。

卡梅尔接过他们的午餐单，布里安说：谢谢你。

"不客气。"卡梅尔回答道。

过了一会儿，一个女人走到他们桌前，并留下一份鹰嘴豆小吃拼盘给他们分享。"这是经理的一点意思。"女人说。

如果布里安只是用英语点单，并说"谢谢你"，对方也只会把他们当成跟其他的顾客一样。但是因为他用对方的语言与卡梅尔建立了联系，一种常规的交易关系则瞬间变为一顿值得记住的午餐。

布里安说，当你花时间学习另一个人的语言，尤其是当你来自主流文化国家而对方的语言并不那么通用时，这本身就是对对方的一种恭维和表达尊重的行为。他还说，做到这一点其实很简单——因为你只需要掌握任何一种语言里的 7 个词或短句，就可以立刻建立起这种联结。

下面是具体的方法。

首先，我们看看如何来说这 7 个词或短句：

"在你的母语中，你是如何说……？"
用对方的母语合适地称呼对方。
问好。
合适礼貌的问候。
表示感谢。
表达"很感激对方愿意花时间交往"。
寒暄快结束时礼貌地告别。

写下这几个句式，并坚持用。让你认识的人帮你纠正发音。然后抓住每一个机会，在这几个句式的基础之上，再添加一些新的表达。

简单，好玩，而且能迅速破冰。哪怕说错了，对方也会感激这份尊重和用心。如果按照布里安的指引，在跨文化交往中将无往而不利。

首先，他说，要有勇气。很多人都对接触来自其他文化背景的人心有疑虑，因为他们不想让自己看上去犯傻或不小心冒犯到对方。不过事实上，你愿意开口说外语或者说愿意冒这种风险与对方交往，这本身就体现了你的性格。

其次，他说，要表达尊重。你不需要事事赞同对方，但你要抱着一种双方互相学习互相了解的态度进行交往。

再次，他说，要有好奇心。你要展示对于对方历史、工作、关系和生活的兴趣。

最后，也是最重要的一点，需要有一种恭敬和幽默感。事先可以先声明，如果有任何冒犯的地方先请对方见谅，如果搞砸了也可以用爽朗笑声打破尴尬。对方可能也是在学习新语言或者学习新的文化，在这个过程中，你们之间也会形成更深的共鸣。尽管他们也会善意地笑出声，但对于你能够跨出去触及他们的世界定然是十分欣赏的。

说到跨文化交往中的口误，最有名的一个例子就是约翰·肯尼迪在 1963 年 6 月 26 日对西柏林人民发表的演讲。当时冷战升温,柏林墙刚刚建起来,将极权控制的东柏林和自由的西柏林分隔开来。当时可能是有史以来聚集人数最多的一次类似集会,有超过100万人聚集等着听美国总统的讲话。

如果你在网上看过那场演讲,就会知道当肯尼迪用德语跟大家讲话时,现场的掌声和欢呼声震耳欲聋。

肯尼迪的发音并不完美。演讲中有两次他都说"Ich bin ein Berliner"。他的本意是要表达"我也是个柏林人"。他想把这种愿意与大家站在一起,共同面对极权威胁的感情传递给大家。

但在说这句话时,肯尼迪的发音发错了,因为"Berliner"在德语中还可以指代一种甜甜圈。所以按照他的发音,表达的意思不是如他所想的我的精神与你们同在——是热爱自由的柏林人——而是变成了,"我也是一个果冻甜甜圈"。

不过底下的听众完全理解他的意思。伴随着震耳欲聋的掌声,超过100万人对肯尼迪这种用德语表达心情的举动表达了感谢,并且内心深深地被打动。

所以不用担心这种"果冻甜甜圈"的失误时刻。哪怕你的发音并不标准,也会与对方立刻建立起一种联系。就像约翰的朋友布里安,他无论去到哪里,总能交到新朋友,达成卓越的结果。

跨文化关系中很重要但是又很少被提及的一件事就是"先发制人"。最重要的是,当你遇到一个来自不同背景的某个人,你应该说,"如果一切顺利,我们将进入一种合作关系。我最不想做的就是在众人面前让你难堪,或者让你为我的粗鲁行为向大家道歉。所以如果你能告诉我,我必须要做哪些事或者哪些行为绝对不能做,我会非常乐意接受你的意见。我们甚至可以事先约定一个信号,一旦我行差踏错做出可能冒犯他人的行为,你可以立刻提醒。"这样的做法,一定能让你显得与众不同又备受欣赏。

■ 跨越年龄障碍

当你想对他人产生正面的影响力,可能碰到的障碍并不只有上面提到的文化挑战。事实上,还有一个巨大挑战是我们经常忽略的,而这个挑战恰恰又是关键。

在《送信人》(The Go-Between)一书中,莱斯利·波尔·哈特莱(Leslie Poles Hartley)写道:"过往就像异域,人们的行事方式各不相同。"这是事实。70岁的人、40岁的人、20岁的人可能一起工作,面对同样的事件,生活在同一屋檐下,但他们却有着完全不同的过去——事实上,他们来自完全不同的文化。所以,彼此之间往往会产生许多的误会甚至相互憎恶。

正如前面讲到的吉娜·卢丹的故事和她的"胖脑瓜"朋友所呈现的那样,通过社交联结弥补与年长之人或年轻之人间的年龄差距,是完全有可能的。不过现在,我们想要谈谈如何通过一种不同的方式打破这种文化障碍:通过在你的家庭或公司之内跨越年龄代际进行交往。当你开始这么做,结果可能出乎意料。为

此,下面我们来看看当约翰决定更多地了解自己的父母,他的故事是怎样的:

> 我有我自己的个人使命,但我并不完全知道它是什么,有什么样的意义,甚至于这所谓的使命从何而来,直到我最亲密的朋友吉姆·阿德考克斯(Jim Adcox)给了我一些建议。差不多是20年前,吉姆建议我可以效仿他对他父母做的一些事情——让我的父亲和母亲分别写下他们年轻时候的故事。
>
> 我照做了,出乎我意料的是,父母对此都展现出了极大的热情。
>
> 我父亲手写了将近50页纸,上面密密麻麻都是他写的字。他用一个玩笑作为开头,"我出生的时候还很小很小……"但再往后看,却让人觉得很难读下去——不是因为他手写的字看不清,而是因为他的那些痛苦经历。
>
> 我父亲是在很艰难的生活环境里长大,很小的时候就患上了疾病,导致他在6个月到18个月的婴儿阶段,不时面临停止生长的困境。这也导致了其他的健康问题,困扰他一生。
>
> 由于各种原因,在我的成长过程中,我和父亲的关系一直不好。不过读完他小时候的故事,我知道了此前从来不知道的一些有关父亲的事情,我们也终于能够彼此坦诚地沟

通，而在此前这是从来没有过的。

在他写完那些故事的不到一年后，我父亲由于心脏病发作突然离开人世。我此前并不知道，和父亲的亲密联结时间，竟然如此有限且短暂。

而我的母亲，今年已经81岁，也对自己年轻时的过往洋洋洒洒写了很多，她用一个古老但靠谱的打字机，一个字一个字打出来。她的童年甚至比父亲过得还要艰难。尽管她写的很多事我之前就知道，但从来没有从一个恐惧的小女孩视角去感知那些事情。

她出生于一个贫困潦倒的移民家庭，是13个小孩中的1个。6岁时，她在大街上摔了一跤，然后一辆公用事业公司的卡车从她的腿上碾过，导致她腿骨骨折、脚后跟碎裂。有人叫了救护车，但由于所住地区治安太差，救护车不愿意来。最后终于被送到另一家医院时，她已经奄奄一息。

在那家医院，一个体贴的护士给了我母亲一个秀兰·邓波儿娃娃。那是她孩童时得到的唯一一个娃娃布偶。母亲抱着娃娃睡着了，但第二天早上娃娃却不见了。她的娃娃被人偷走了。

等到我母亲8岁时，她的母亲便去世了，而我母亲也被安置在了孤儿院。孤儿院的小孩因为她的脚永久变形而排挤她，他们也不想跟她有任何接触。

父母在纸上写下的都是他们令人心碎的过往，是不公，是不平,但他们并没有自怨自艾,我的父母并没有责怪彼此。他们的故事生动直接。那些事情真实地发生过。那就是他们的童年。

当我回顾父母年轻时的种种遭遇,我看到的是两个过度受苦的人——远远超过他们所能承受范围的苦。按理说,如果上帝是公平的话,他们应当拥有美满的婚姻、顺风顺水的工作,然而这两者他们都没有。他们的婚姻问题重重,两个人也一直忍受着繁重辛苦的工作和苛刻的老板。

在我小的时候,每当看到家里的一地鸡毛,我总跟自己说:"这绝不是我想过的生活。"但是后来长大了,我问自己:"他们为何会过这样的生活?为什么如此紧张拮据、充满愤怒和不开心?"

我想答案很多人都知道,但那时的我只过度关注自己,根本看不到真正的答案。有一些挣扎和苦痛,是在他们的生命早期就埋下了根源的。不过除此之外,他们忍受这一切还有一个原因:为了我和我妹妹能过上更好的生活。

我妹妹和我都是领养的,随着我慢慢长大,才终于明白他们决定抚养我们两个长大是多么的意义非凡。(他们必须要很努力地工作才能领养我们——因为我父亲脾气暴躁,所以前面两家领养机构都拒绝了他的请求,但我母亲最后终于说服他配合,才终于通过了领养审查。她和我到现在还会拿这件事说笑。)之后我有了更多的人生经历,便越发明白被成功领养的重要性，以及能够拥有父母努力一生才勉强获得的机会是多么地幸运。

读完父母写下的故事，我又带着真诚的好奇、开放和共鸣与父母多次促膝长谈，所了解到的信息也让我和他们之间的关系得到了很大改变，也改变了我的人生。这让我看到了自己所思所想和所追求之事的不足。也让我对所做的工作有了更多的热情，让我了解到拥有良好人际关系和从事有意义工作的人应当珍惜什么。这让我有了重新看待个人使命的视角。

简单来说，我的人生使命就是要帮助良善之人在工作和生活上都取得胜利。我说的"胜利"是指每个人都值得做有意义的工作，都应该为自己所做的事情感到骄傲，应当不断成长取得成绩，并且拥有令人满意的人际关系和人生经历。

我已经见证过用没日没夜的工作换取真正生活的代价——在工作中忍气吞声如临大敌——以及我父母所遭遇的种种磨难。所以我想要还债，通过帮助他人发现生活中的机会——那些机会是我的父亲和母亲所不曾拥有过的——偿还我所得到的一切。

当我们打破地理分割或语言或年龄的障碍——正如布里安·亚当斯在阿拉伯餐厅和约翰对父母所做的那样——我们也就创造了新的可能性，并且找到通往更卓越结果的新路径。在布里安的故事里，他因此得以把有着不同信仰和文化的人聚在一起成为朋友。在约翰的故事里，这让他下定决心帮助他人摆脱自己父母曾经所经历的苦痛。

正如我们在其故事中所感受到的，跨越文化和年龄实现联结并不那么艰难，只要你愿意踏出第一步。无论是在工作还是个人生活中，试着有意与来自其他国家和文化背景下的人交往，或者与比你年长或年轻的人打交道。让这些人成为你获得生命圆满的一部分，与此同时你也让他们的生活变得更圆满。

在家庭生活中，也可以用一种全新方式与你的父母或者祖父母联结。问他们："你的成长经历是怎样的？""你童年最美好的瞬间是什么样的？""最可怕的时刻呢？"这些问题的答案一定会打开你的视角，让你们的关系变得更良性。

当你通过这样的方式与来自不同背景或不同年龄的人联结，他们会带给你新的视角和观点。你将从他们的成功中吸取经验，同时也能避免他们曾犯过的错。很多时候，这会让你看到解决问题或面对人生完全不同的方式。正如马克在印度之行中所感受到的那样，这可能会永久改变你看待自身世界的观点。

➜ 有用的洞察

关于你的生活，有哪些事是你最想与一个来自不同文化背景的人分享的？

➡ 操作步骤

回想至少 3 个来自不同文化背景且你曾与之有过交往的人，无论是亲密交往还是泛泛之交。然后礼貌尊重地询问他们对于其自身文化的想法和意见。另外，看他们是否愿意教你说部分或者全部的布里安的 7 个关键词或句式。

如果你的祖父母或父母还在世，请求他们写下自己年轻时的经历和过往。然后用心去读，看有多少故事细节让你震惊。

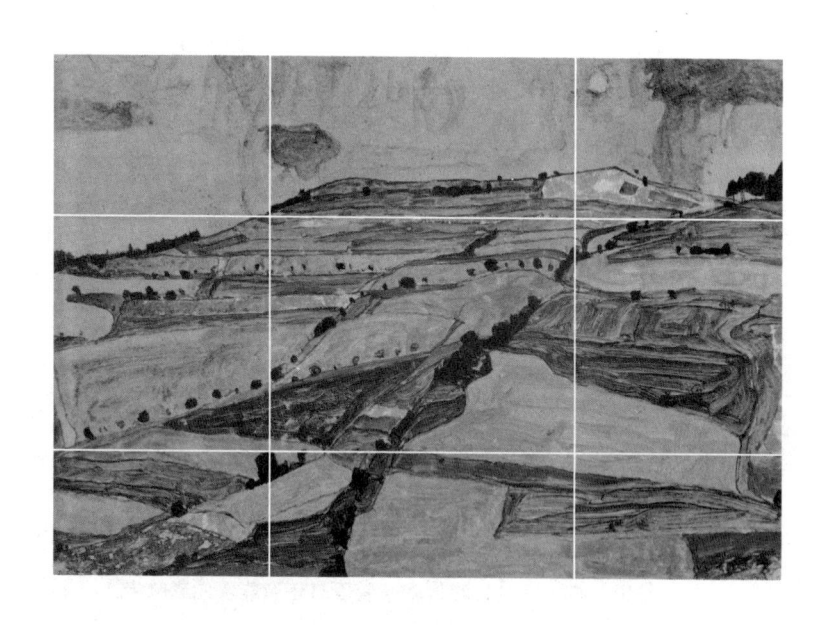

第五部分 多做一些：切饼之前，先把饼做大

真正的影响力并不仅仅是满足他人的期望。它意味着超越他人的期望，并令对方记忆深刻，刮目相看。意味着在交往之前、之中以及之后都能给予附加价值，在三条关键价值渠道里都能做得更多。真正的影响力，还意味着持续增加自身价值，寻找有创意的方式吸引他人与你一道实现更好的结果。在本部分，我们就来看看真正有能量的影响者是怎么做的。

第十三章　不得到结果，绝不回头

> 卓越的成果都是通过一系列微不足道的小事实现的。
> ——文森特·凡·高

实践非联结型影响力时，与人交往的过程中，你的每一步都很清楚。你的目的就是要达成交易——我得到这个，你得到那个——然后各行其道。

但真正的影响力不是这样的。它需要通过一种方式让你给对方留下不可磨灭的印象，你需要做的远胜于此。

要理解个中缘由，你可以回想上一次你在某个人生命中的关键时刻帮助对方实现某个目标。可能你是通过某项商业投资帮了一个朋友，或者是参与策划一场婚礼，或者在儿子或女儿搬去新的城市生活时助其一臂之力。

当你主动提供帮助时，你肯定不会说，"我会从早上10点帮你到中午，过时不候"或者是"我会帮你打包一些箱子，但不要期望我为你做更多"。相反，你肯定是全心全意地处理各种杂事，帮忙挂婚礼装饰，或者帮着搬家具。你心甘情愿做那些烦琐、脏兮兮，甚至费时费力的杂活，比如清理冰箱或者是护送婚礼蛋糕之类。你做这些完全不是为了金钱回报，你也无怨无悔。你还会尽己所能看是否还能帮到更多。

这是为什么呢？因为你是自动自发心甘情愿地为你在乎的人做事。事实上，往往你压根儿就不会去思考这一层。它是自然而然的行为，因为你看重与这些人之间的关系，并且你想要让这种关系变得更牢固、更深厚。

当然，这些关系在你的生命中也有特殊的意义。相比某个商业合作或者某个泛泛之交，它们对你的意义肯定更要大得多。

不过，任何一种关系中，你其实都可以超越期待。当你这么做时，无论是作为私交朋友还是在职场上的工作关系，都相当于给自己竖了一块招牌。

中田浩二是南加利福尼亚的一名领导力咨询顾问，他是这么说的。"它的重点不在于成为瞩目焦点。而是要寻找帮助的切入点，寻找切入角度。就像某个心有关切的亲戚，比如说关心侄子生活前程的一个叔叔。找到一种能让对方闪亮的方式，并帮助他们实现。你无须成为主角。只要站在旁边，跟对方一道，帮他们实现好的结果，让他们更开心。"

当你这么做时，你也为当下和未来施展正向影响力打好了基础。"超越期待"能让你在当下时刻脱颖而出，而且让他人日后仍然对你印象深刻。他人会认为你是一个值得倾听的人，而他们并不会再去揣测你是否有其他隐藏的目的或意图。

不过好处还不止这些，通过这种方式你也会展现出个人魅力。我们的朋友盖伊·川崎（Guy Kawasaki）在他的畅销书《魅力》（*Enchantment*）一书中，曾经谈论过积极影响力的这一方面。"魅力会让人不自觉地改变心意进而改变行为，"他说，"不仅能让他人帮你做事。魅力还能改变境况和关系……当你用魅力吸引他人，你的目标就不仅是赚他们的钱，或者让他人按你的方式做事，而是让对方获得快乐。"

做得更多就像是注射类固醇带来的快感。你已经帮助他人实现目标……进而你又通过超越其期待使其对你心悦诚服。所以对方的反应自然是感激、尊敬，甚至是敬畏。

做得更多不是一劳永逸的事情，而是需要持续进行。要达到最大效果，你需要重点抓住三个时机：交流的前、中、后三个阶段。下面我们就来看看，厉害的影响者在每个阶段是如何给他人留下深刻印象的。

■ 员工是不可轻易更换的齿轮

在你开始一段人际关系之前，如果你做得比常人更多，相当于告诉对方你不只是为了自己。而我们访谈过的一些影响力巨大的人士，则有层出不穷的创意方式实现这一目的。

比如，前面我们谈论过的谢家华，美捷步网站的首席执行官。在谢家华的领导下，美捷步逐渐成长为一家颇为成功的鞋类电商，并在2009年被亚马逊以12亿美元的估值收购。美捷步以其无与伦比的客户服务成为业界传奇，进而带来了超高的客户满意度和忠诚度——他们对待员工的方式也十分正面励志，堪称业界楷模。

美捷步在选人方面向来谨慎，一定会选择符合企业文化的人。公司的应聘成功率只有1%。众所周知，在第一周新员工培训之后，新雇员工就会得到3000美元现金，他们随时可以离开公司。他们可以带着3000元现金直接走出公司大门，而公司提供的工作机会，还会再保留3周时间。

尽管美捷步的这一举措人尽皆知，但其实没有人真的会选择拿钱走人。大家都很爱公司。他们想要留下来，因为在这里工作很开心。除此之外，他们也从一开始就知道了，美捷步愿意为他们做得更多。

通过给新员工3000美元现金的举措，美捷步传递了个很重要的信息。事实上，公司的意思是："我们很高兴能与各位共事。大家在公司工作得开心，对我们很重要。如果有谁觉得我们不是合适的选择，那我们也愿意好聚好散。为此我们愿意承受经济损失。"

在大多数企业都把员工看作随时可以更换的工具人的背景下，这一举动意义非凡。这也是美捷步拥有全球最忠诚、绩效表现最优员工的原因之一。

美捷步的客户也得到了远远超过普通鞋店的客户服务。公司为客户提供无与伦比的协助。在公司规模更小的创业早期，美捷步的全员会议甚至欢迎任何提前登记的人旁听，这可能更让人感到惊讶。

我们曾问过谢家华，他是否担心一些令人尴尬的事情因此传播出去，或者泄露太多信息给竞争对手。谢家华说他和员工们也考虑过这些。但是他们问了一个问题，"到底什么更符合我们的价值观？保持公开透明还是藏着掖着？"于是，所有人都决定冒这个风险。

当你通过这种比他人做得更多的方式开始一段人际关系，有时甚至要在过程中冒一些风险，也就与那些厌倦了被摆布、被利用，或者需求仅能得到基本满足的人立刻建立起了更深厚的关系。这相当于告诉众人，你是襟怀坦荡的。而他们又会口口相传，告诉更多的人。用不了多久，你的好口碑就会传播开去。

关于真正的影响力，还有一个概念：你甚至可以在形成具体的目标之前，做得更多。事实上，你可以为与你毫无关系的陌生人做得更多。你可以把这理解为"做得更多的随机行为"。

大卫·布拉德福德是 Fusion-io 的前任首席执行官，他就是通过上面提到的这种方式实现卓越结果的。下面就来看看他是如何征服 Apple 的联合创始人史蒂夫·沃兹尼亚克，并帮助公司取得重大成功的。

大卫其实并没有一开始就把沃兹尼亚克当作某个有意接近的目标，只是他愿意做得更多的无意之举帮助他取得了意料之外的好结果。

当时大卫住在犹他州，他一个朋友的儿子刚好搬到美国，想请他在一些法律事宜方面帮一些忙。大卫答应了帮忙，还帮那位年轻人在当地熟悉和融入环境。

数月之后，由于这一层关系，大卫被邀请在犹他州酒吧协会发表一个公开演讲。地点定在太阳谷，距离他所在的地方足足 5 个小时车程，而预计来听他演讲的人也不多，只有 50 个人左右。很多人都可能认为这是浪费时间。但大卫欣然同意了。

演讲结束之后，他留下来与人共进晚餐。结果却发现，这场演讲的主嘉宾就是史蒂夫·沃兹尼亚克。现场来了 500 人，而沃兹尼亚克的行政助理正好就坐在大卫旁边，两个人席间攀谈起来。交谈一番之后，沃兹尼亚克的助理认为沃兹尼亚克应该会挺愿意跟大卫交流，并开玩笑地说，他将在满屋子的律师中迎接一位来自 IT 世界的同道中人。

大卫和沃兹尼亚克于是聊了起来，结果发现沃兹尼亚克刚好就在关注 Fusion-io 正在探索的领域。过了一段时间，大卫给沃兹尼亚克寄去了资料，并询问他是否愿意成为咨询委员会的一员。沃兹尼亚克应允了，后面还担任了首席科学家的角色。

机缘巧合？也可以这么说。但回顾整个过程，大卫·布拉德福德并不认为这只是运气使然。他们可能会想，"就是运气。"但其实这是一种不追求特定结果而是着力于关系的思维。你可能并不知道这种关系会通向何处……但这正是真正影响力令人兴奋的地方之一。

■ 汽修工如何成为博士

当你与人一同为实现某个卓越成果而努力，无论是为了你的目标还是他人的目标，在你负责的任务上取得成功都是其中的关键一环。不过完成任务是一方面，其实还可以把任务转变成某种更宏大更令人印象深刻的东西。如果你能做到后者，那么人们自然会记住你。而且，他们会竭力回报——甚至全力放大你的影响力。

现已60多岁的中田浩二是约翰的导师之一，他曾讲过一个对他影响很大的故事。"我最近做过一次练习，"中田说，"我在回顾自己的人生，回看人生中的每一个关键转折点。而第一个浮现脑海的就是我读中学时的一位老师，他可以说彻底改变了我的人生。他名叫莱斯特·坦纳。"

中田于第二次世界大战期间，出生在加利福尼亚州的一个战俘收容所。他是日美混血儿，父母都是农场工人。他原以为自己这一生应该也只能成为终日劳作的劳工——从事摘葡萄之类的事情。他上学时的成绩并不好，所以他自己也从来没有什么远大志向。直到遇到莱斯特·坦纳，当时莱斯特负责教五年级学生，同时还是学校的摄影师，他邀请中田担任他的助手。

中田说："当时在我们那儿，上高中之前需要参加一个能力倾向测试，我在那场测试中的得分是 86 分。而按照标准，85 分及以下则证明是有智力障碍，所以他们说我有两个选择：或者学机械或者去木工厂。我觉得这两者并没有区别，但莱斯特·坦纳说：'这可不行，你能做的不止这些。'"

他又给我做了一些测试，跟之前不一样的测试，他给我做的测试更注重空间感而非口头表达。结果我在空间能力测试中拿到 134 分。并且我也发现自己确实有轻微的阅读障碍，所以无法很好地完成前面的测试。

中田上高中之后，坦纳老师仍然陪伴着他。除了课后花时间帮中田补习数学之外，坦纳还会帮着改善他的各种行为表现。

"有一次，他听说了我被抓到在学校草地上开车的事情，"中田说，"他便把我叫过去说：'我听说了是怎么一回事，我很失望。'简单的两句话，但是对我产生了巨大的冲击，从那以后我再也没做过类似的事情。"

坦纳最后成了学校的校长，并一路帮助中田上了大学。之后，中田拿到博士学位，再去拜访坦纳。那时候坦纳已经退休。

中田对坦纳说："多年前，在那一段日子里，你一直对我怀有信心，你在我身上看到了我自己都没看到的东西，而且在我以为没的选择的时候你还是鼓励我。到底是什么让你做到的这些?"令中田惊讶的是,坦纳似乎对这个问题感到困惑。

"于是我知道了,"中田说,"他就是一个这样的人。他只是随心做的那些事。他帮助年轻人学习、成长、发展自我。他对我是如此,对其他人也是并无二致。当我意识到莱斯特·坦纳在他一生的职业生涯中,还帮助过许多跟我一样的人,也跟我一样满心感激的人,我不禁深吸了一口气。"

中田又说:"这些日子以来,人们总问起我年轻时候的事,因为我作为一个日美混血儿,又受过高等教育,也有成功的职业经历,他们都以为我肯定是自小天资聪颖,在学校表现优异,擅长数学和科学之类。但事实完全不是这样。只是因为一个男人的影响力,我才走出了一条完全不同的人生路。"

中田说他花了很多年,才想清楚自己真正要做的事情是什么。"事实证明,"他说,"有点像是把我从坦纳先生那里得到的礼物再传递出去。"他说,"当我回想他为我所做的一切,我知道自己可以做好这件事。我要做的就是看到他人的领导潜力,或者看到他们身上其他的一些潜能。看到他们自己都没想到能做到的事情,并能够帮助他们做到。我要对别人说'你可以做到的,我相信你'。因为我自己亲身经历过,所以我深深知道被他人信任是一件重要的事。非常非常重要。"

事实上,中田继承了坦纳的人生使命:克服重重阻碍帮助他人取得成功。他又鼓舞启发了一代新人,而这一代新人中的一部分又将继续成为他人的人生导师。这一切，都是从一名决定超越自身职责做得更多的中学老师开始的。

另一名影响力大师，雷纳德·赖特（Renard Wright）也给我们讲过一个例子，讲的是"做得更多"如何打造出深厚的情谊，以至于数十年之后对方还是念着那份情。

雷纳德是新泽西的一名商业顾问，他同时也是伯尔根县（Bergen County）城市联盟的理事会主席，兼任大陆篮球联盟的副主席。

多年前他还住在纽约时，雷纳德就已经开始非正式地教孩子们打篮球。他当时跟几个皇后区的穷孩子一起在一幢危房训练。

他的人生转折点出现在25年前，有一天训练时他问了一个问题："达蒙去哪儿了？"孩子们都避开他的目光，过了一会儿一个小孩说："他没有来训练。他死了。"

"我完全不敢相信自己的耳朵，"雷纳德说，"我不知道世界上还有什么，比参加一个孩子的葬礼更让人悲痛。"

雷纳德一直坚持着帮助类似的穷苦孩子。但他不仅仅是教他们打篮球。他做得更多。他通过篮球教会孩子们团队精神和朋友情谊，并让他们远离毒品和帮派。

"那一天，一切都变了。我必须帮他们，"雷纳德说，"我已经54岁了，从没有人问过我为何如此热衷这件事。其实这是我对达蒙的一个承诺。"

雷纳德的篮球协会一开始只有几个小孩，后面开始有其他孩子来问："你也会帮我吗？"慢慢地，协会发展到200个小孩。一切都是靠雷纳德一个人用自己的时间操持着，参加锦标赛、特殊训练营和其他活动，并让家长们也参与到"互助邻里"的群组中来。

这么多年来，尽管雷纳德已搬到了新泽西州生活，但仍然深度参与着教育、高危青少年、提供住房等其他社区服务项目。不过最近，有了社交媒体的联结，多年前在皇后区他教过的那些孩子纷纷联系上了他。

"有一个是我最早教的那批小孩中的一个，他给我打来了电话，说是在脸谱网上找到我的。"雷纳德说。他叫莱蒙特，现在在一家银行上班。

莱蒙特说："我打电话给您，就是为了亲口跟您说一声谢谢。"

雷纳德回道："知道吗，你们对我也同样重要。"

"您说的可能没错，"莱蒙特说，"但我必须要告诉您的是，就连我父亲都没有在我身上花时间，但是您倾注了如此多的时间，这是改变了我整个人生的事情。我一辈子都不会忘记。"

这些年来，雷纳德收到很多问候，大家都会说，"如果不是你的篮球俱乐部，我现在可能已经死了或者在监狱。"

雷纳德最近还收到另一个早期教过的小孩的问候。他名叫吉米，他知道雷纳德自己的儿子正在经历一些艰难。于是吉米给雷纳德打电话，告诉他自己现在住在西雅图，养育着6个小孩。

"6个小孩！"雷纳德不禁惊呼。

"是的，但我很关心你的儿子。你告诉他，他可以随时给我打电话。我愿意为他做任何事。"

雷纳德回道："但你认识他的时候，已经是25年还是30年前了。"

"是的，但那不过是逝去的时光而已，时间不会改变丝毫情谊，"吉米说，"我们仍然是一个队的。"

如果说这一章的两个故事听上去很相似，其实还有一个原因。我们是特意选择两个相近的故事，只想表达一个观点：通过做得更多而形成的影响力可以永远持续。过去了这么多年，中田浩二仍然把他的中学老师当作人生中最具影响力的人之一。而当雷纳德·赖特自己的儿子陷入困境，他25年前帮过的学生之一，竟然想方设法通过网络找到他，只为助其一臂之力。要获得这种忠诚的情感，需要花心思——而超越期待做得更多无疑是最好的方式。

莱斯特·坦纳和雷纳德·赖特在大的方向上做了更多，而他们的正向影响力也永远改变了那些被他们帮助的人的一生。不过做得更多，并不总是意味着改变他人生命的举动。通过做一些微小但有意义的事情，你同样可以被人记住。

比如，你可以现在回想曾参与过的每一个项目，然后问自己：我还可以做些什么，贡献更多一点的价值？在这种情况下，我能比人们通常做得再多一些吗？我还能做点什么帮助我身边的人，比如说带来新的东西或者主动提出帮助？最后就是要真诚彻底地提供帮助，不要去想自己可以从中得到什么回报。

而且，永远不要低估任何一个微小举动的力量。我们的一个朋友，曾经长达十年给周边邻居推荐同一家汽修店，只是因为在他饥肠辘辘的求学岁月里，那家店的老板偶尔会免费帮他修理一些小东西。另一个朋友也曾给我们讲过一个环卫工的故事，对方每周到她家门口清收垃圾时都会按响喇叭，这样小孩子们就会跑到窗边，看到"大卡车"。尽管我的朋友和她丈夫当时经济拮据，但他们每个圣诞节还是会给那个环卫工买一件礼物——即便是过了 30 年，他们仍然怀念他。

好好想想吧。如果说一个篮球教练，一个高中老师，一个汽修工，一个环卫工，也能通过在与人交往中做得更多一点从而给人留下一生不可磨灭的记忆，那么你也可以。

■ 你准备好"重量级感谢"了吗

当我们结束一段交往，很自然会在心里给它画上一个句号，然后继续向前。我们有太多要做的事，所以能从待做清单上划掉一件事并将其抛在脑后,自然会让人感到轻松。

不过如果你想实践真正的影响力,那么你需要明白,做得更多这件事并不随着交往的结束而终止。事实上,你在之后很长一段时间里,还可以经常为其增加更大的价值。就像我们接下来要讲的这个故事一样,最有力的一种方式就是表达你的感恩。

沃伦·本尼斯(Warren Bennis)是哈佛大学肯尼迪政府学院公共领导力中心咨询委员会的主席,也是马克的一个密友。前段时间,他跟马克讲起他的心脏病医生,大卫·坎农(David Cannom)博士。

据沃伦讲,坎农医生已经救过他5次,根据他的身体状况放置和更换起搏器。"他让我活得更长,超越了我的身体状况能允许的时间。"沃伦是这么跟马克说的。这么多年来,沃伦和坎农医生也成了好友。

沃伦分享了一个小故事,是他们夫妇和坎农医生夫妇最近的一次聚餐。沃伦冥思苦想,想要表达自己的感激。一开始,他想到送给医生一箱酒,或者两张体育比赛的门票,或者类似的礼物。但之后他意识到这都不是他真正要做的事情。

"大卫,"他说,"你5次将我从鬼门关拉回来,我正在思考用什么方式表达对你的感激最好,我现在终于想到了。我想最好的方式就是活得更久,更开心,更健康。"

坎农医生听到这话,不禁泪湿眼眶。他是一个很厉害的医生,他靠救人为生,所以你完全可以想象到,他早已了解自己拥有救死扶伤的能力这件事。但沃伦的话还是深深打动了他,这种打动是一瓶酒或几张体育比赛门票永远都做不到的。

沃伦的故事也让我们知道,我们所有人都想收到他人真诚的感谢。我们经常以为只要心存感激就好,无须言说,但就像沃伦博士这个小故事所展现的一样,事实并非如此。哪怕对方已经知道我们心存感激,再一次郑重地告诉他们,同样是特别有价值的礼物。

而在交往之后,有一种我们称之为"重量级感谢"的方式,用来表达感激是再好不过的了。

> 针对对方为你做的特定事情,表示感谢。
>
> 认可对方帮助你的过程中付出的努力。比如,你可以这样说,"我知道你为了让这个项目成功,还特意推迟了度假"或者是"我知道邀请你的前任参加我们的婚礼,这其实是让你很为难的"。
>
> 告诉对方他或她的行为是如何让你或你的境况不一样了。

除了表达感激之外,也可以寻找其他方式来扩大自己的正向影响力。不管是什么情况,总会有一种办法让你在交往之后,依然能天天、月月,甚至年年地增长价值。

比如说,想一想对另一个人来说重要的人或事。你是否能帮助到对方的慈善工作?是否能为对方的生意推荐客户?是否能为对方很在乎的人伸出援手，就像大卫·布拉德福德通过帮助他朋友的儿子从而立下口碑一样？当你通过这种方式做得更多，那么你的口碑和情谊也就一直存在。

最后，要未雨绸缪。做得更多的另一种方式就是问一个问题：未来我们能做得更好吗？如果答案是肯定的，那么就可以分享你的想法。

吉奥夫·科万（Geoff Cowan）是阳光庄园（Sunnylands）安纳伯格度假村（Annenberg Retreat）的负责人，这个地方是专门用来接待世界领导人召开高级别会议的。科万同时也是南加州大学公共领导力的客座教授。

科万采用过很多"交往之后做得更多"的做法，并一直在寻求改善，哪怕决定看似正确且结果看似良好。他说，在你完成一个项目或一项提案之后，你应当做两件事情。"第一，跟团队见面，表达你的感谢，并告诉他们做得很棒。第二，安排一个讨论，大家一起探讨下一次还可以做哪些事情，能让结果更好。如果你想做到杰出，就必须要让他人感觉良好，但你自己决不能就此满足。"

当你做得更多的时候，永远记住，你不是为了得到才付出的。永远不要把你的行动，当作提某些让他人不舒服的要求的铺垫。相反，你要明白你的目标是打造长期的友好关系，让事情变得更好。

同时,你也要积极克服零和思维。当你找到能够帮助他人学习、成长、获得、避免难题、取得进步、实现目标的方法,你也在这个过程中得到了比短期利益更重要的东西。你为获得持续的好结果、热烈持久的关系和良好的口碑打下了基础。而这将会让你获得真正的持续一生的影响力 —— 通过你意想不到的方式。

➡ 有用的洞察

你是愿意今天完成一桩交易,还是做得更多,为明天打造更好的关系?

➡ 操作步骤

回想你生命中哪些人为你做了更多。如果他们还活着,请给他们"重量级感谢"。

针对你当前计划的事情,思考一下在其中的前、中、后三阶段,你还能做得更多吗?

第十四章　增加价值的三条黄金渠道

只有当你为他人的利益贡献了价值，你才会真正地感到满足。
——沃尔特·安纳伯格，慈善家、外交家

　　交易思维的一个后果就是，你会不自觉地倾向于关注物质，尤其是在商业关系中。结果就是，当你试着从非联结型影响力提升过渡到联结型影响力时，可能还是会犯一个错误，把做得更多理解为在经济利益方面做得更多。

　　然而在现实生活中，商业关系里做得更多的最有效方式，往往并不是给某个慈善机构写张支票或捐赠某样昂贵的东西。而在个人关系中，也不意味着给你的小孩大量零花钱或者给伴侣买很贵的礼物。所有这些当然都不是没有效果，只是没有任何一个可以帮助你打造长期持续的影响力。

相反，打造真正影响力的最佳方式，是触动别人的心灵。下面是一些具体的方式：

扩展他们的思维（洞察渠道）。寻找能帮助他人看到新角度、重新理解境遇、获得新信息、找到人生新意义的方式。

帮助他人感觉更好（情绪渠道）。找到能让他人感觉备受鼓舞、感觉自己有能力掌控、感觉被支持、精力充沛、拥有力量、感觉自己是成功的、快乐的，或者被重视的方式。

采取有效行动（实践渠道）。寻找帮助他人自己采取行动或者为他们在意的人采取行动的方式。帮助他们解决问题、克服困难、打造关系、完成项目，或者完成任务。

如果你觉得上面这三种渠道看着眼熟，那是因为它们跟我们先前提到过的"联结三部曲"是一一对应的。当时我们说的是，你的目的是要理解他人的立场和境遇。现在，你的目的是能帮助对方改善境遇，从而让他们记住你。下面是一些我们精选的案例，一起来看看要如何实现。

■ 第一次见面，就让对方感受到影响力

当你为他人提供看待其自身和世界的新视角，你无异于永远

改变了他们的生活。这是真正的影响力，就像我们接下来要讲的这位影响者，可能第一次打交道就能做到。

我们要讲的这次令人印象深刻的相遇发生在多年前的美国空军学院。当时，约翰是在学院人格发展中心服役的一名空军军官。保罗·布察（Paul Bucha）过来给新兵讲话，约翰也因此获得陪同机会。

布察是一名荣誉勋章获得者，而荣誉勋章是美国军队的最高荣誉。它由美国国会授予，由总统亲自颁发，表彰其服役期间在战斗中的极其英勇的表现。

然而，布察在演讲中并没有讲让他获得荣誉勋章的经历。也没有讲任何跟战争有关的故事。相反，他一直强调，对于军校学员们也就是未来的各级长官们来说，最重要的是互相支持，互相支撑，互相关爱。

接着，还发生了一件让约翰至今都难以相信的事情：布察请求所有在场军校学员手拉着手。

在最初的震惊之后，军校学员们也按照布察的指令彼此拉起手来。当他们手拉着手坐定，布察又让他们集中精力，思考能为彼此做的最好的事。

出于对荣誉勋章获得者的敬重，在场的人还是按照他说的做了。现场画面十分震撼，因为年轻的军校学员们肯定不是情感丰富的那类人。约翰怀疑，哪怕是军队的最高长官走进礼堂，直接命令大家手拉着手，他们中的大多数人也会以讽刺讥笑相对。但当时面对布察，礼堂里没有一个人有嘲笑行为，也没有人能忘记那个瞬间。

通过让在场的军校学员们做最简单但又最深刻的动作，布察让他们真正地感受到了某种之前只是在认知上理解的东西。他让他们从心里明白，彼此的生命是互相联结的，他们有义务彼此照顾。这一洞见几乎毫无疑问地改变了他们看待职业生涯和人际关系的视角。可能某天，这一洞见还会救下他们当中一些人的生命。

布察当然也可以按照军校学生们所期望的，给他们一次中规中矩的演讲，他可以讲自己经历的战斗，讲他的那帮兄弟。但他没有，而是给了在场的人一种新的看待自己和彼此的方式。这就是从根本上做得更多的一个例子。

调整情绪

实践非联结型影响力时，我们最大的弱点就是会隐藏起自己的情绪……而且我们会让他人也隐藏起自身情绪。有时我们也会有意摆布他人的情绪，为的是更好地掌控他们，但我们并不真正知道或在意他们内心深处是怎样的感受。

然而，真正有影响力的人会很想知道对方的情绪从何而来。并且会想办法做得更多，找机会让他人更开心，感觉更有成就感，或者更自信。

海蒂·罗伊森（Heidi Roizen）是我们接下来要讲到的故事主角。她是一名很有才华的管理者，致力于帮助他人学习和成长，这也给她赢得了硅谷"导师型投资人"的绰号，《哈佛商业评论》还曾以她为典型专题报道她的关系打造和指导历程。

在联合创办了一家非常成功的软件开发公司之后，海蒂担任了苹果公司全球开发者关系部门的副总裁，后面又出任莫比乌斯风险投资的总经理。现如今，她是TiVo董事会的成员，并在斯坦福大学担任教职。

海蒂认为我们都可以通过帮助他人成长来为生命中出现过的人做得更多，而且这是一件很重要的事。她说："如果你现在不努力成长，你就会开始僵化。如果你不努力向前，那么你就会在原地踏步。不进则退，你很容易就会掉进恐惧的陷阱。"她最喜欢引用埃莉诺·罗斯福（Eleanor Roosevelt）的一句话：每天都要做一件你不敢做的事情。

作为导师，海蒂也通过帮助企业家们重新整理思维框架、管理情绪，并在面对恐惧和不确定性时采取行动，从中获得了巨大的满足感。她经常发现，很多企业家因为犹豫不决而陷入困境。她说："生活有太多的不确定性，你很难知道什么事情是对的。但作为一个创业者，不做任何决定往往是最糟糕的决定。因为你会困死在你的轨道上。"

在这种情况下，她说，人们的恐惧经常比现实更极端。

"我陪着他们走过这个思想历程，一步一步，"她说，"帮助他们重新思考现状，然后采取行动。"

她常用来帮助他人走出困境的技巧，就是问这样一个问题：最坏的情况会是什么？

"也许你会付不起房租，"她会这么对人说，"好，那房东是不是会立刻把你踢出去？另外，你掌握的知识产权是否可以变现？也许你可以通过这种方式来跟房东进行交换。假如这个办法也行不通，你可能需要搬出住处，房东会把房子租给其他人。但他可能需要几个月的时间才能找到新的房客，所以这也就给了你力挽狂澜的时间……"

在海蒂帮助他人解构内心恐惧的过程中，这种恐惧逐渐就消散了。因为这会促使对方更加清晰地思考，整理情绪，然后采取行动。"做一个决定，然后行动，随后再根据反馈调整，"海蒂说，"对于这些创业者来说，行动比困在原地什么都不做要好得多。"

像海蒂这一级别的人的建议，可谓是金玉良言。得益于她的指引，很多原本可能因为内心恐惧从而无法实现目标的创业者最后都取得了成功。而这都是因为海蒂选择在这种导师关系中做得更多。

前往一家公司，我们经常看到的问题就是每个人都自成一体——一个个坐在墙后头，不了解也不关心其他人所遇到的难题。这从商业角度来说是一件糟糕的事，从人的情绪健康的角度来说，危害就更大了。

所以当我们给各种商业领袖做咨询时，我们提供更多价值的一种方法——尤其是面对那些在高压情境下紧绷的团队——就是花时间帮他们打破这种人与人之间的隔阂，让他们彼此将对方当作一个活生生的人看待。要做到这一点，我们可以让大家针对类似下面这些问题分享自己的答案：

你在哪里出生？

你的父母是怎样的，他们之间是如何交流的？

童年期间有什么事件影响了你的性格和价值观？

你曾不得不做或者战胜了的最难的事情是什么？

当时是谁或者是什么支撑你度过了那段难熬的时光？你是怎么过来的？（可能是某个人，可能是宗教信仰，可能是一本书，或者任何其他东西。）

你最大的缺点是什么——就是说如果克服它，你便能取得更大的成功？

你最大的优势是什么——就是说如果继续深挖它，你将取得更大的成功？

你能设想下个月，你有很大可能克服刚才说的缺点的情境吗？

你能设想下个月，你有很大可能发挥你刚才说的优势的情境吗？

你会投入多少精力去做这件事？

在一次由马克组织的类似会议中，参与者们分享的答案让他的同事们很受震撼。比如说，有个男人说他平时每天晚上几乎都是7点钟下班，而其他人都会打趣他是要去见情人。在这一互动中，男人坦承之所以7点走，是因为要去照顾患有阿尔茨海默病的父亲，尽管这是一场注定要失败的仗。听他说完，团队中一半的人都开始抹眼泪，问他为什么不早告诉他们。男人说："我们以前在公司也不会讨论这样的事情呀。"

紧接着，另一个男人也说，他经常是下午3点半离开，而大家也会开他玩笑说他是去见情人。但事实是，他正在接受血癌的治疗，尽管是极难治愈的绝症，但仍在坚持化疗。在场的更多人开始抽泣，问他怎么不早说，而他只是说："就像乔伊刚刚说的，我们在公司一般也不会讲到这些事。"

在这一次交流之后，团队里的人看待彼此的方式完全变了。他们不再只是把对方看作棋盘上的棋子，或者有用或者放弃，他们开始感觉自己对这个精英团队有了归属感，这是一群坚强的、在绝境中依然坚持、面对极限高压依旧选择做对的事情的人。他们开始为自己是团队的一员感到光荣。

与此类似，我们的朋友马克·莱富科（Mark Lefko）——他的职责之一是为正经历困难的年轻总裁组织（YPO）成员解决难题——也通过把人聚到一起，坦诚地沟通，互相分享彼此遇到的问题、恐惧、忧虑和自己的软肋。

他说："这些人已经习惯了当决策者、权威人物或者负责人。但他们最终还是会看到众志成城的力量。很多时候他们并没有意识到，他们所经历的问题是大家共同面对的，无论是有关员工的问题还是公司经营危机，或者是孩子的教育问题，又或是为之深深悔恨的曾经犯下的错误。"

马克还说："无论是面对怎样的挑战或机会，都需要互相支持，认可对方，为彼此提供见解、视角和建议。团体中有任何一个人碰到问题，都将这个问题交给团体去解决，从而让所有人都从中得到学习和成长。"

■ 在相互影响中，点燃价值火花

梅雷迪斯·布莱克（Meredith Blake）是美国知名的律师和企业家。如今，她担任 ProSocial 公司的首席执行官，这是一个聚集了众多举足轻重人物的创新组织，旨在推动社会变革运动。策划并一手推出《难以忽视的真相》（*An Inconvenient Truth*）——一部描述奥斯卡奖获得者兼美国前任副总统阿尔·戈尔（Al Gore）经历的纪录片——便是梅雷迪斯达成的成就之一。

纪录片发布的那一周，正好是梅雷迪斯的第一个儿子出生。"为人母这件事,让我从以前的以自我为中心变得更加无私,"她说,"尽管我的孩子们还不会讲话,但他们已经教会我如何努力发挥自己所有的潜能。"

梅雷迪斯为人母之后仍然想要不断成长的愿望,也将她推到了一个独特的位置。当时微软的联合创始人保罗·艾伦(Paul Allen)的瓦肯制作公司接触她所在的公司,想要针对心理健康和情绪幸福为美国公共广播公司做一系列纪录片。艾伦一心想要让这个项目做得不一样,但他却不知道该如何实现最正面的影响。

梅雷迪斯则以儿童时期的依恋为落脚点。她说:"我出生成长在一个很多人都遵照斯波克育儿经的年代,斯波克医生声称小孩子哭闹是为了操控大人,所以哭的时候不要去抱。但事实证明,这是错的。这只会让小孩子觉得无所依靠。而且,小孩需要在最初的关系中打造一个安全的港湾,这样才能获得更多人格上的稳定和独立。每个人生命最初的人际关系,足以影响其他的一切。最初的18个月,会影响大脑的神经元通道,而且对于心理健康和幸福也至关重要。"

与瓦肯制作公司和美国公共广播公司一道,梅雷迪斯的公司将早期儿童依恋纳入这一项目,并将其作为贯穿整个系列的线索,名为《感情生活》(*Emotional Life*)。最终这部系列片获得了超过千万次的观看,超出预期目标40%。而且相关的网上社区报道、网络评论和其他免费内容也不断增加。

不过梅雷迪斯觉得还可以做得更多。"我有两个小孩，"她说，"我当时怀孕生子期间，从来没有听过依恋的重要性。在医院里，有人给过我一个尼龙袋，里面装着一些婴儿养育的优惠券，但是没有任何帮助婴儿打造更安全积极依恋关系的内容。像我这样的新手妈妈肯定很多。而那些没有多少资源的人，该如何了解这些信息呢？"梅雷迪斯尤其关切那些疲于奔命且很少有时间陪伴新生儿的父母。

为解决这一问题，她为这些父母专门开发了一个名为"生命早期经历很重要"的工具包。对于尚有一定经济能力的家庭，可以花10美元购买一个工具包，不过所得收入也将用于为那些支付不起的家庭生产更多的免费工具包。梅雷迪斯所在的组织，在美国全境的医院体系都建立起了这一帮扶体系。他们还让更多合作伙伴加入，捐出更多钱以组织配送这些工具包到医院，并将其免费发放给手头不宽裕的父母。

通过做得更多——不仅是帮助保罗·艾伦和瓦肯制作公司实现好的结果，推出《感情生活》，而且进一步拓展到帮助数以万计的新手父母——梅雷迪斯也完成了自己最重要的一个个人目标：成为自己小孩的榜样。

"孩子们吸收东西特别快，他们的大脑就像一辆移动的火车，"她说，"我觉得自己除了让他们衣食无忧，帮助他们成长，也要让自己的人生过得充实圆满，成为他们的榜样。"

当你致力于做得更多，你的目的就变成了想方设法地去帮助他人，而非帮助你自己。一个非常有影响力的人曾给我们提过一个很有实践意义的建议，那就是通过帮助自己来帮助他人。

拉里·塞恩（Larry Senn）是塞恩德拉尼公司的董事长，这是一家致力于改变组织文化的国际公司，他们认为你可以通过让自己保持健康，从而为生命中的人做得更多。

乍听上去，可能会让你觉得这不是自私吗？但其实不是。只有当你自己处于好的状态，才能更好地照顾你的家人，也才更有可能在他们未来的生活里发挥正面积极的影响。也只有当你拥有身体和心灵的健康，才会有更多的精力和心理能量，这样才能在工作中和生活中做出更好的决策。

拉里一直实践着自己所信奉的观点。在70岁的高龄，他开始参加短距离铁人三项比赛。如今他已经76岁，每年还会参加6次铁人三项比赛。

他说："一切都得回归到你的初衷。我最终的目的就是照顾好我的家庭。所以我有义务保持身心健康，我需要照顾好自己，这样才能成为家人的榜样。我也需要给客户做一个示范，为了更好地服务他们，我需要在我的这个领域保持巅峰，而这就需要我坚持锻炼和注意饮食，不断地成长完善自己。"

顺便说一句，拉里在他那一年龄组的铁人三项比赛中，往往都是赢家。2012 年他已经赢下了长滩赛、雷东多海滩赛、曼哈顿海滩赛和圣地亚哥赛。"我跑得不算快，但能坚持到最后跟我一起跑到终点的人并不多！"他开玩笑地说，"在进行铁人三项赛时，他们会用很大的字母把你的年龄写在你的小腿上，而我总能收获很多惊叹。当我骑着自行车超过那些二三十岁年纪的人，听到他们说，'哇哦，追上他！'我觉得很有意思。"

做得更多可能无法让你成为铁人三项赛冠军，或者让你成为能让全场军校学员手拉手的发号施令者。但这些故事表明，做得更多比任何言语或套路技巧都更强大有效，能够让你赢得他人的关注和尊重。

而且，就像拉里·塞恩和梅雷迪斯·布莱克的经历所证明的这样，做得更多也是帮助自己和他人的一种直接方式。当你通过提供更多洞见，增加情绪价值和实践价值，超越了原本的期待，你便会找到更有创意的方式解决问题，并且你对他人会有更多的同情和共鸣。你每天所做的事情，都将让你为自己感到骄傲。而有意思的是，当你一心只想为他人做得更多，你自己反过来也会成为更快乐、更健康、更成功的人。

➡️ **有用的洞察**

在你与他人一番交往之后，他们是否变得更好了呢？

➜ **操作步骤**

下一周，集中精力达到新的与人交往标准——无论是商业面谈，还是跟便利店收银员寒暄，或者是跟伴侣、小孩的对话——使每一次交往都成为增值经历。你能否为他人提供解决难题的洞见？能否提供实质性的帮助？或者哪怕只是让对方相比之前更加好受一些？

第十五章　如何邀请他人做得更多

独自占有却不分享，毫无乐趣可言。

——塞内加，古罗马哲学家

接下来我们要讨论的话题可能出乎你的意料。

我们已经讲过做得更多是多么至关重要的一件事。我们也讲了如何在与人交往的三个阶段做得更多。还讲了如何通过提供洞见、让他人感觉更好以及提供实际的帮助增加价值。

不过我们现在要告诉你的是：不要做得太多。

此时此刻，这一建议可能听上去让你觉得有点疯狂。但我们真正想说的是：要发挥真正的影响力，不要全部想着自己一个人大包大揽。相反，你需要张开双臂欢迎那些想要提供帮助的人。正如你邀请他们跟你一块追求更卓越的结果，你也需要允许他们增加价值，让结果变得更美好。

当你如此做时，这些人可能会贡献出你自己一个人绝对想不出来的好主意。通过让大家参与进来共同描绘未来图景，这样最终成功的机会也会大增，而且你也能增加自己的正向影响力。

下面还有一个建议：当你试图寻找能为结果增加价值的人，注意不要局限于只找专家或者跟你有一样经历和背景的人。相反，你需要寻找那些来自不同背景，过往经历和行为与你完全不同的人。正如我们下面要讲的这个例子所展现的，这些人往往会以意想不到和引人注目的方式做到更多。

■ 客串讲演者的最佳表现

卡拉·桑格（Carla Sanger）是 LA's BEST（为明天接受更好教育的学生）机构的首席执行官。这家机构致力于解决"钥匙儿童"所面临的问题，也就是一些放学之后无人照看的小孩。

LA's BEST 目前为洛杉矶各个小学的 28000 个孩子提供服务，重点照顾那些课业表现最差且所住社区充斥帮派、毒品和犯罪的小孩。在他们所服务的地区，犯罪率和辍学率都明显降低。

卡拉在儿童教育政策制定方面有着 40 年经验，机构的其他很多成员也都在这一领域深耕多年。不过卡拉讲了一个小故事，有一次他们被机构里一个最新加入、最年轻的成员深深影响了。

那天，卡拉想看看当时的新员工入职指引是如何运作的，于是她便参加了一次以组织价值观为主题的新员工培训。卡拉原以为这种培训会由公司的资深员工主讲，但结果发现主导培训的是一位来自危地马拉的年轻难民。

那位年轻女子首先摘下自己的项链，并将其展示给所有人看。"这条项链，"她说，"对我而言意义非凡。这是我祖母的项链，她一生命运悲惨。"经过年轻女子的叙述，在场的人了解到，她的祖母被危地马拉当地的有权有势者残忍杀害了。

年轻女子继续说道："大家可以各自想想，什么东西如果丢了的话会让你心急如焚——会严重影响到你的生活。"

底下的听众也大多是青少年和年轻人，而这个来自另一个国家的年轻女人通过这种方式立刻与他们建立起了情感共鸣。他们积极回应年轻女子的问题：父母的照片，运动比赛的奖杯等。

"你们刚才说的，"年轻女子说，"就是你们最看重的东西。我们顺着这个话题深入谈谈，因为在 LA's BEST，我们有自己的价值观，并且我们把价值观看得高于一切。如果有谁打破了它，或者不尊重价值观，抑或是践踏我们的价值观，那我们肯定会很生气，就像是有人偷了你们父母送给你的珍贵照片或者见证了你的努力与光荣的比赛奖杯。我们十分珍视我们的价值观。那么到底我们的价值观是什么……"

接着，她开始讲解每一条价值观，并细致描述应当如何实践这些价值观。她特别强调的是，如何通过价值观做出更好的决策。她告诉大家，这些价值观应当是用来激发灵感的，而不是因害怕后果而成为束缚行动的枷锁。

那是一场饱含激情的讲演，是卡拉在这一主题上听过的最精彩的培训讲演。尽管卡拉的专业能力和经验比当时在座的任何一个人都多，但她从年轻讲师和现场年轻员工的身上学到了很多。

培训结束之后，卡拉问年轻女子是如何想到要做一场这样子的培训。年轻女子的回答是："我只是考虑到，如果是我，我会想听到什么内容，以及怎样的内容可以帮助我倾听和更多参与。"

因为她的年轻和脆弱，并且愿意打开心扉讲述自己的个人生活，所以这名来自危地马拉的年轻难民与在场的一群20多岁的美国年轻人建立起了情感联结，而这种联结能力是那些更有经验的员工所不具备的。而她能站到讲台上，也是因为卡拉的员工们都很开放且有智慧，才会排除障碍让这一切得以发生。

厄尼·威尔逊（Ernie Wilson）是南加州大学安纳伯格学

院公关与媒体系的系主任,他也分享了另一个大人物的故事,讲的是他如何通过让他人做得更多从而形成了更大的社交圈,而这位大人物就是美国前商业部长罗恩·布朗(Ron Brown)。

布朗特别擅长融合背景观点各异的群体,建立关系并推动合作。"每隔六到八周,"威尔逊说,"他就会选一个主题,然后邀请自己的私交好友或工作同事或是大学教授来参加主题讨论会。他还会邀请白宫、美国财政部、国会预算办公室及其他美国政府机构的人士出席会议。"

比如说,在其中一场类似的主题讨论会上,威尔逊记得微软创始人比尔·盖茨就曾谈到利用自身弱点的重要性。"当你学会利用自己的弱点,"威尔逊说,"你便可以通过联结其他的个体,并通过讲述具体例子与其建立共鸣,进而把弱点转化为优点。"

布朗通过聚集这样一群鸿儒,打造了新的社交圈,针对美国商务部所关切的重要问题也有了更加明智的决策。当他需要其他政府部门的协助时,这种社交关系也会对他有莫大的帮助。

"他让自己变得容易打交道——他跟各种各样的人交谈,并且倾听,"威尔逊说,"他在部门内外都打造了一种极其强大的良好意愿,并持续扩展抓取新的信息源——其他人在相关问题上的视角。"

这么多年来,布朗一直都是威尔逊很重要的人生导师,威尔逊记得布朗还说过一句话:"你必须深刻理解这句话——每个人都有他可以讲的故事,而那些故事值得被倾听。"

■ 让爱心在花园中绽放

跟卡拉·桑格一样，麦克·戴夫林（Mike Devlin）也在儿童事业方面成果斐然。跟卡拉一样，他知道如何邀请他人做得更多，从而实现更加卓越的结果。

麦克住在新泽西州的卡姆登（Camden）。你可能听说过卡姆登，因为这个小城经常吸引全美国的关注——不过通常都不是什么好事。卡姆登是全美最危险的城市之一。

麦克想为此做点什么，从而改变这种局面。他想要打造一个能让孩子们自由学习、玩耍且安全无忧的地方。所以早在1985年，他便启动了卡姆登儿童花园项目。除此之外，他还启动了一个社区花园项目。麦克找到了他想要的卓越成果——而这一成果需要整个社区都参与进来。

卡姆登的面积有25平方千米，共有8万居民。麦克说："在卡姆登，我们总共有超过12000处废弃场地，还有同等数量的废弃房屋。"而麦克和他的团队帮助这些人，将满目疮痍的家园重新布置成美丽、自然、有生机的地方。

而社区对此也报以极大的热情。人们纷纷参与进来，做出自己的贡献，让事情变得越来越好。2011年，他们总共打造了31座社区花园，2012年也计划打造同样数目甚至更多的花园。麦克笑着说："黑帮和毒品贩子对漂亮的地方不甚感冒。一朵花，就能让一个毒贩远离。"

他还说："园艺是一项有积极反馈的活动。花园里也很少出现争斗的情况。如果不是有这个计划，有些孩子早就去混帮派了，根本不会像现在这样接受职业训练或在学校上学。"

因为卡姆登有接近 60% 的孩子中途辍学，而他们也很难找到像样的工作。所以麦克和他的团队，还启动了一个青年职业培训计划，条件就是所有参与者不得中途辍学。麦克让他们做的，不仅仅是养花种草。他希望他们能够成功。

麦克团队的伙伴们还在持续为项目增加价值，卡姆登的其他居民也是一样。麦克说："我已经见过太多从做园艺转向收拾废弃房屋的社区团体。他们会把空置的房屋买下，重新捯饬，种上树。房子顿时面目一新。可能一开始只是播下一颗种子。我们让事情变得更好的很多语言都来自园艺学。这是一种播种、成长、让事情变得更美好的语言。"

我们还跟玛切拉·罗伯特聊了聊，她一家三代都参与了这一儿童花园项目，另外还有她的母亲和祖母。"花园项目刚启动时，"玛切拉说，"我母亲就让我们报名参加志愿者，并积极投身其中。"玛切拉还通过青年雇佣与职业培训计划为花园项目贡献力量。后面她去了天普大学，目前读大四。

暑假期间，玛切拉便会回家，继续参与儿童花园项目。"我在这里长大，所有人都像家人一样。他们知道我的一切，照顾我，希望我能更好，"她补充道，"而且知道我自己也能让卡姆登变得更好，成为其中的一分子，这感觉是很不一样的。"

在迥然不同的两地——一个在洛杉矶，一个在卡姆登——卡拉·桑格和麦克·戴夫林都在帮助涉险儿童改变生活。他们因自己的专业能力和激情而不断成功，这份成功也要归功于他们能够让他人参与进来，不断增加价值。

当你自己如此做时，你也会把做得更多这件事带到一个全新的水平。除了超越他人期待，你也会吸引其他有创意或受到启发的人，他们将让结果更加成功，甚至超越你自己的期待。而参与"做得更多"这件事情的人越多元，结果也就越好。

所以你可以跳出你的同事、朋友和亲戚圈子寻找。去接触那些你从未接触过的人或群体，吸引各行各业的人——不仅是经验丰富的专业人士，还有能提供各种令人兴奋的新想法的年轻人。让他们通过提供洞见、帮助他人在情绪上成长，以及提供切实的帮助，让好的结果变得更好。

然后，当他人指出你的成功，你可以说："让我来告诉你们这一切得归功于谁，以及他们都做了些什么……"

➜ **有用的洞察**

想要增加价值，需要让他人增加价值。

➜ **操作步骤**

列出你正在参与以及正在策划的大事清单。针对每一件大事，想出至少 5 个可以通过做得更多让结果变得更好的人。集中精力与这些能为你的问题和目标提供不同视角的人交往。

第六部分 逆境中,如何顺利发挥影响力

哪怕是艰难时刻，当你实践联结型影响力时，你也可以转败为胜，可以获取经久不衰的财富，修补哪怕是早已分崩离析的关系。在这一部分，我们就来看看具体可以如何做。除此之外，我们还将告诉你，为何心怀感恩是成为"强大影响者"的最大关键。

第十六章　把脆弱说出来，才能听到坚强

风筝逆风飞翔才能飞得更高。

—— 温斯顿·丘吉尔

无数的人之所以无法拥有很强的影响力，往往是因为他们困在了"我不行"的思维里。他们有一大堆的理由，证明他们无法获得好的结果，也不能让别的人买账：

我太弱了。

我太穷了。

我的力量太小了。

我深陷悲伤无法自拔。

我太害怕了。

但真相是，我们所遭受的挫折或经历的悲剧，往往会指引我们找到能够改变一生甚至整个世界的使命。环顾四周，你会看到成百上千个这样的例子。一个受伤的士兵和他的朋友、家人们启动了受伤战士抚恤项目。苏珊·G. 科曼基金会为纪念一位死于乳腺癌的女士，筹集了数百万美元。第一位战胜了药物滥用的女性成立了贝蒂·福特诊所。一个在一场毁灭性灾难中失明的男人，发明了盲文。

在我们的职业生涯中，曾有幸倾听数以百计的积极影响力实践者讲他们的故事，他们全部是在逆境中翻盘。其中很多人都是从经济窘迫甚至身无分文开始的。有些人重病缠身。有些人刚刚从虐待中走出。还有一些人在跟精神疾病或药物滥用等恶魔抗争。

而所有这些人的故事，都有一条共同的线索，那就是他们想从过往经历中攫取积极因素的决心。第二个共同点就是他们都能够跳出自身立场，为其他更有需要之人设身处地。而第三个共同点就是，他们中很多人都采取了很有力量的第一步：坦诚分享自身的脆弱。

比如，下面我们就来看一位医生是如何战胜极度恐惧和不安全感，并因此推动了一项改变全世界医生命运的运动的。

■ 你会怀疑自己吗

丹尼·弗雷德兰德（Danny Friedland）是循证医学（这

是一种世界通用的医疗护理标准）之父，1998年，他出版了美国第一部有关循证医学的教材，并在这一救死扶伤的医学领域培养出数千名医生。这是一项了不起的成果，但今天我们要讲的并不是这些丰功伟绩。

很多年以前，丹尼就已经在他的领域里声名鹊起，他在加利福尼亚大学旧金山分校接受专业的医学训练。但那个时候，他的日子过得很艰难。因为丹尼是南非移民，所以感到自己被严重地孤立。他试图寻求指导，但是他说自己唯一记得的是，在6个月的指导课程之后，有人说，"在我看来，你八成是疯了。"

丹尼不知道该怎么办。但他知道自己绝大多数时间都处于一种恐惧状态中。但他决定面对自己的恐惧，而不是逃避。

于是他开始主动跟其他医学院的同学讲话。"你会有自我怀疑吗？"他问。大部分人都会回答说："当然会有。"他访谈了314个同学，其中311个都曾怀疑过自身的价值。

最后他发现，有接近六成他曾交谈过的同学，在第二年也开始去寻求指导，而他们表面看上去都是平静自信的人中龙凤。原来不止他一个人感觉孤独和害怕。他的大部分同龄人都有这种感觉。而他们也全都在崩溃的边缘。

讽刺的是，丹尼竟从中找到了自己的力量、创造力和灵感。他没有选择退却，而是寻求更好的结果。

丹尼主动接触他的同学们，让他们知道，在恐惧和自我怀疑这件事上他们并不孤单。他打造了一个特殊的同学网，那些志向远大的医生可以分享他们的故事，谈论自己的脆弱之处。在这一过程中，他改变了整个学校的文化。他还给其他同学上领导力训练课程，之后被邀请去专门培训医生。最后，他影响了整个美国的医疗圈。考虑到压力巨大的美国医生的高自杀率和抑郁率，毫无疑问，他相当于挽救了很多医生同僚的性命。

丹尼的胜利证明了在你脆弱时仍然拥有影响力的最重要原则，就是坦承你的感受。因为当你坦率说出感受，其实就是在有效地应对和解决。

当丹尼开始直面自己的恐惧和自我怀疑，这给了他跳出自身立场转而与他人联结的力量。而当他这么做了，他发现其实所有人都有自己的盲点。每个人都以为别的同龄人都是聪明、自信、自我认同的，只有自己不是。但只是通过问一个简单的问题——"你会自我怀疑吗？"——丹尼就跳过了这一盲点，获取了一个卓越的结果。

这是什么样的逻辑？其实就是当你处于不利地位，你意识到自己并非孤军奋战，无论你正在经历什么，总有别的人曾跟你是一样的处境……而你们如果携手，或许就能共同实现一个好的结果。而往往第一步，仅仅需要你问一句："还有别的人也感到害怕吗？"

从医学院毕业多年之后，丹尼再次面临人生难关，当时他的母亲病重，而他需要再次把这一艰难时刻转变为有意义的时刻。丹尼母亲当时已经七十岁高龄，一直以来身体都十分硬朗，精神矍铄。但是突然之间就开始体重剧减，特别容易疲劳。除这些症状外，还伴随着没有食欲，这让丹尼不禁怀疑母亲是患了癌症。不过母亲的医生似乎对治好她的病并不上心，还准备去度假。

丹尼承受着生活给他的考验。检查结果显示没有什么问题，更多的只是心理原因。丹尼对这个诊断结果心存疑虑。他要求医生再进行 CT 扫描，后面医生打电话通知他，果然结果很糟糕。他母亲患了胰腺癌，并已扩散到肝脏。丹尼崩溃了，因为他知道自己的母亲只能再活几个月。

丹尼说，当时给母亲打电话是这一辈子做过的最难的事情。

他拨通了电话，说："我很难过，真的不想告诉你结果。"

母亲回答："是那个沉默的杀手，对吗？"

丹尼飞去圣地亚哥陪伴母亲。当他见到母亲，一把就抱住了她，说："无论发生什么，我答应你，这都将会是你生命中过得最丰盈的一年。"

丹尼带着母亲去看肿瘤专家。他说："我没见过态度如此敷衍的医生。我针对这一阶段的肿瘤治疗也做过一些研究。很显然他还没有更新最新的治疗方案。我把病历交给他时，他说的却是'这挺有意思'，而不是说'我们必须如何做'。"

肿瘤专家又突然转过头对丹尼母亲说："告诉我，你想不想做化疗？做了化疗会怎样？"丹尼母亲被吓得身体打颤。丹尼将母亲带出了办公室，说："以后你再也不用见他了。"

丹尼又做了一些调查，然后带她去找了劳瑞·弗雷克斯医生。而弗雷克斯医生做的第一件事就是张开她的双臂，说，"在这里我们每天都拥抱和你一样的人"，然后她拥抱了丹尼的母亲。后面丹尼母亲心情愉悦地告诉丹尼："那个女人真是治病良药！"

丹尼和弗雷克斯医生合作治疗母亲。胰腺癌的中位存活率为4到6个月，但丹尼的母亲却活了14个月，并且后期的生命质量还得到了很大的提升。她从极度疲倦的状态调整到了一周四天都要运动的状态。没在医院住一个晚上，也没有遭受任何剧烈疼痛。

这一切出人意料，但令人惊喜的还不止这些。

这多活的几个月给了丹尼母亲和父亲成长的空间。以前丹尼父亲总是会克制自己的感情，从不轻易表达。但在丹尼母亲病重的最后时光，他感觉到内心的柔软深情无法自抑，于是他开始任其倾泻，总是抓住丹尼母亲的手。他用一种以前从未有过的方式宠爱着丹尼母亲。

而丹尼的母亲也有了变化。她以前总渴望得到他人关注，而一旦没有得到就容易生气，但现在她开始不求回报地传播爱，并渴望与家人有真正的联结。

丹尼母亲和父亲之间的关系变得更亲密更好了。8周以后，她问："我死了之后会去向哪里？我将去哪里？"父亲说："无论你去哪里，我们的灵魂都将永远缠绕。"

丹尼陪伴母亲生命最后一段的旅程也改变了他自己的生活。帮助母亲寻找最好的医疗信息，调整其身体系统，管理压力和不确定性，寻找新的人生意义、动力和目标，陪伴她安然离世——所有这些都将丹尼指引到了他现在做的事情，也就是帮助其他病人在生命的最后一段旅程也获得积极正面的人生体验，就像他的母亲那样。

■ 角马凭什么成为王者

就像丹尼的故事告诉我们的这样，追求好的结果可能需要巨大的勇气。而这种勇气又有很多种不同的形式——其中一种形式就是踏入未知世界。

离开人生的既定轨道进而选择另一条路，这对任何一个人来说都不容易，因为无论是从经济层面还是情绪层面，都会有强大的吸引力让你留在现在"还不错"的老路上。不过如果你最初的方向让你和你的理想激情渐行渐远，那就是时候想想"还不错"到底是不是真的不错了。

大卫·莱文森（David Levinson），加利福尼亚志愿者组织灿烂周日（BigSunday.org）的创始人，就做过这样的探索和选择。在跟大卫交谈的过程中，他给我们讲了他如何开启灿烂周日的故事。而这是一个好结果主动找到他的故事。

大卫原本是好莱坞的一名编剧。任何在好莱坞工作过的人都知道娱乐行业的挑战有多大，当然各种野心勃勃或精致利己主义者也都能获得名利。

多年的辛苦工作也让大卫在这一行名利双收，他取得了成功。有一次，一个大制作人给他打电话，邀请他见一面。

制作人喜欢大卫的剧本，想听听他对创作一个电影新剧本的想法。但在会面过程中，对方用手撕着火鸡肉，且全程只盯着自己的电脑，压根儿就没看过大卫。

大卫坐在那，看着对面的制作人大快朵颐，而他花费大量心血创作的作品似乎只是对方一时的心血来潮。大卫只听到对方说喜欢他的作品，但之后却完全没了下文。

大卫说哪怕是在好莱坞，也很少会受到这种对待，不过"有时就会有某样东西在错误的时间以一种错误的方式砸中你"。他很不喜欢这一插曲所体现出的人性某个侧面，他也不喜欢将自己的命运交到这种完全漠视他人的高管手中。

尽管仍然继续创作剧本，但大卫决定要将内心的挫败感转为主动去帮助其他有需要的人。他开始在各种事情上主动承担越来越多的责任，而事情也开始变得井然有序。

看着下面的志愿者员工越来越多，又受到每个人都能帮助到他人这一核心信念的驱动，他想出了一个绝妙的主意。他在自己的著作《人人帮，人人赢》（Everyone Helps, Everyone Wins）中详尽介绍了自己的这一想法，并决定每年要抽出一天时间——在这一天里，对所有人保持开放，不再有任何宗教、政治因素或其他工作事务的牵绊。这就是"灿烂周日"。

原本只是抽出一天时间为南加州的某项有意义的事业做点志愿工作，结果却发展成了一系列的社区活动。从一日活动发展为三日周末活动，在加利福尼亚吸引了超过 50000 人参与。在 2010 年的灿烂周日活动上，数以万计的志愿者们捐出了超过 85 卡车的衣服、书、食物、家具、乐器、行李、玩具和其他物品。

想想看……为了一项共同的事业，每年有 50000 人集中在几天时间里自愿付出自己的时间和精力。而所有这一切都只是因为有一个人想把自己的沮丧转变为激情，进而觉得"还不错"其实并不是真的不错。

罗宾·克拉默（Robin Kramer）也是一个从逆境黑暗中寻找光明的有影响力的人。最后的结果是，她成了洛杉矶市长办公室的首位女性主任，并为民主党和共和党的高官都担任过办公室主任职务，所以她在两党中都很受尊重。（正如她在约翰的一场演讲课上所说，她是无党派人士。）

几年前，罗宾担任加利福尼亚州一项竞选活动的志愿者负责人。她厌倦了人们为权力而明争暗斗，为得到候选人的青睐而使出浑身解数,为了得到梦寐以求的顶级工作而互相倾轧。她的梦想是为公众服务,可惜一直没有太多机会。

于是她决定辞职。她知道肯定还有更好的方式,能够让她追寻为公众服务这一志向。

于是她告诉老板,她已经找到了能替代自己角色的人选,然后就离开了。

她的老板说:"你不能走。选举马上就要开始了。"

她说:"我的继任者已经做好准备,他雄心勃勃也很有能力,肯定会有出色的工作表现。"

而她的老板——显然是非联结型影响力的拥趸——坚持自己的意见:"不,我们需要你。你不能离开。"

罗宾的回答是:"不,我可以离开,我也即将离开。"

"你不可以。"

"不……我可以。"

她老板目前为止的反应已经相当负面了,然而他接下来的做法更加糟糕。他说:"如果你离开了,你就永远都别想回到政坛。"

罗宾离开了。而正如她充满影响力的职业生涯所证明的这样,她跟公共服务的牵绊还远远没有结束。她才刚刚开始。

罗宾说那是她干过的最糟糕的工作。"不过换个角度想,"她说,"那也是我最好的一份工作,因为我找到了自己的声音。我对一个权势滔天的人说了不,而且我是认真的,我坚守住了自己的决定。"

大卫和罗宾都是通过让坏的事情过去,得到了好的结果。而如果此时你的生活正让你倍感压力和痛苦,激情缺失,或许你也应当考虑像他们一样行动起来。

讲到有勇气踏入未知世界,我们想跟大家分享一个我们的朋友史蒂芬·斯万波尔(Stefan Swanepoel)的故事。

史蒂芬是一名在肯尼亚出生、在中国香港求学的环球旅行家,20 年前他移民到美国,当时他在美国一个人都不认识。如今,随着 20 本著作和众多有影响力的报告出版之后,史蒂芬早已名声在外,被奉为房地产中介行业趋势的领导者。

他在畅销书《塞伦盖蒂求生:7 种掌控商业和生活的技巧》(*Surviving Your Serengeti: 7 Skills to Master Business & Life*)一书中,找回了自己内心的根,塞伦盖蒂。他关注的第一个话题便惊讶了很多人。

"在东非的塞伦盖蒂草原,"他说,"土地被时间遗忘,那是地球上最后一群规模最大的动物集群,其中有一种动物在其中居于统治地位,但不在当地生活的人很少知道是哪一种动物。"

史蒂芬继续说:"居统治地位的不是身形最大的动物,比如大象或犀牛。也不是像狮子、猎豹或鳄鱼那种捕食者。答案是角马,这是一种很多人听都没听过的动物。角马统治了塞伦盖蒂。

数百万只角马每年都会穿行超过 1600 公里，而塞伦盖蒂草原上动物们的生活也全都围绕着它们的迁徙展开。它们的忍耐力、坚持和适应力，让它们统治了整片土地。"

这是战胜逆境最大的秘密：忍耐力、坚持和适应力。如果你拥有这三样——另外还有勇气——你便拥有了绝境生存的工具。而这并不是全部。除此之外，你还拥有了施展正向影响力的能力，足以化危为安、化腐朽为神奇，绝处逢生，找到属于你自己的灿烂周日。

➡ **有用的洞察**

你觉得自己行或者自己不行，你都是对的。

——亨利·福特

➡ **操作步骤**

想一下你或者你的家人们正在经历的困难挫折。然后问自己：有没有什么办法在这种情况下得到好的结果？

第十七章　让路，也是一门艺术

谦卑并非不看重自己，只是更少考虑自己。

——谢家华，美捷步首席执行官

当你实现某项卓越成果——尤其是那种重大成果——它就成了你的一部分。你投入时间、汗水，甚至是泪水，去创造某种了不起的东西。你的成就改变了你对自己的定义，也改变了他人对你的定义。

不过，某个时刻，你应该放手，让他人接手某个项目。这可能会让你难过，因为，就像长大成年离开家或者看着自己的小孩去上大学，这也意味着身体很重要的一部分与自己渐行渐远。

不过如果你足够强大，可以让路，让其他人顺利接班，你便可以确保好的结果能永远持续，而非逐渐消失。这也是为什么说放手对于有着很大影响力的人来说,是一个必须积极面对的挑战,正如我们接下来要讲的这个故事。

■ 安全交接接力棒

约翰曾为罗伯特森燃料公司首席执行官约翰·罗林(John Rawling)工作过好几年,并认为罗林是他见过的这么多首席执行官中最出色的之一。

首席执行官讲话需要永远充满激情,因为人们总会关注他们的一举一动,并从中寻找蛛丝马迹。约翰·罗林却与众不同,他从来不会刻意保持一种很有激情的样子,因为他永远真诚。任何事情在他看来都不可用于交易,任何事情都与人情冷暖相关。所以他与约翰的每一次对话都是深度联结的。如果他跟你谈论某件事情,那证明那件事对他而言很重要。你对他很重要。

罗林声如洪钟,身材高大,极富人格魅力,但他施加正向影响力时从来不会凭借自己的强势地位压制对方。他从不会说,希望他人为他做什么。相反,他的注意力始终放在公司的使命、客户以及组织里的每一个人身上。

几年前,尽管公司业绩出色,并赢得了很多狂热忠诚的客户,罗林却意识到是时候改变公司的未来战略了。为确保持续增长,公司需要扩大用户基数和增加产品供给,罗林早就知道公司有一天一定会需要一位新的领导者——而他认为现在就是让贤的时机。

罗林原本可以恋栈不去，并让董事会决定后续的继任者计划。但他不是这么想的。相反，他想的是如何做对所有人最好。

罗林找到了一个理想的候选人，也就是现任首席执行官汤姆·哈里森（Tom Harrison）。罗林本人费了很大力气才最终让汤姆答应接棒。罗林原本计划再待一年左右，以确保公司能平稳过渡——不过几个月之后，当他看到汤姆已经能很好地处理公司的大小事务，他便选择"战略性让路"了。尽管他对公司和公司里的人有着深厚感情，但他知道自己离开会让过渡更加顺利。

现在回过头看，罗林的无私行为确实是很有先见之明的，因为他剩下的时间确实不多了。由于一场小手术的并发症，他竟突然撒手人寰，这让所有认识他的人都始料未及。他的家人、朋友、员工们都为他的离世感到悲痛不已。不过他的公司却得以安然度过这场悲剧，因为公司的经营已尽在新任首席执行官的掌控之中。

跟罗林一样，我们采访过的各种有影响力的人士始终明白，他们需要帮助他人走好自己的路。

汉克·肯尼迪（Hank Kennedy）是美国管理协会的总裁，

也是本书的出版人。在我们跟他的一次谈话中，汉克说他永远相信，寻找和培养自己的接班人是他的责任，然后他就能去往下一个新的岗位。而现在他又这样做了，最后一次。他说："我刚过完 66 岁生日，恐怕我也只剩下 2 到 5 年的工作时间。我现在的工作，就是要去寻找和培养我的接班人。"

这是真正的谦虚。也是一种区分真正影响力和那些只关注短期利益而非长期影响的态度。

■ 帮助他人成事，影响他人做人

有时候让路并不意味着将自己奋斗出来的卓越结果拱手让人。它也意味着跟那些曾帮助过你实现目标的人告别。如果那些人得到了新的机会，那么帮助他们实现新的成功也是一件很重要的事，哪怕让你找人替换他们是一个艰难的决定。事实上，正如我们下面要讲到的这个故事，你可以积极帮助他们做出对他们来说更好的决定。

多年以前，我一个名叫格伦·鲁伯特（Glenn Rupert）的好朋友，他当时为佛罗里达岩石工业公司工作，那是一家家族经营的混凝土公司。吸引格伦加入公司的有两件事，一是公司领导者们正直的名声，二是对员工行为标准的高期望。

所有标准都是从上而下执行。比如，某个周一早晨，老板泰德·贝克已经接受了某台在售起重机的交易价格。之后，又有一个人出了两倍的高价。但贝克说他已经跟别人达成交易，拒绝了送到眼前的几十万美金——而这一切只因为他答应了前面的买家。

格伦说："我就是为这些人工作，我想为这种人工作——你可以信任他们任何时候都会做符合公理的对的事情。"

格伦还讲述了他与当时直属上司狄格思·毕肖普（Diggs Bishop）的一次对话。

"昨天我见了一个人力资源顾问，"格伦说，"然后我表示是如此向往她从事的工作。她可以见识各种各样不同的组织。我想我当时应该滔滔不绝自顾自地讲了很多类似的内容，因为某个瞬间，狄格思双手抱胸对我说，'格伦，我有个问题想问你。'"

"什么问题？"格伦问。

"你想做什么？"狄格思说。

格伦觉得他是想转移话题，于是便开始讲自己手头的一个项目，但狄格思说："不是，我不是说那些。我想谈的是你。听上去她做的工作，对你非常有吸引力。所以你真正想做的是什么？"

格伦说他确实很想做那名女顾问所做的事，帮助他人成长，提升自我、改变自我。不过他不认为自己能做得到。他觉得自己更适合当一个项目执行的角色。

格伦说他清楚记得那天，狄格思摇着头微笑着对他说，他错了。他说："格伦，你在现在的工作岗位上做得很好，我发自内心不想失去你这样好的员工。但你不管做什么，都一定会很成功的。你只是需要做出选择，自己决定真正想做什么。你先自己好好考虑一下，然后告诉我你的答案，我会支持你并且帮助你。"

格伦说那天的对话是他决定辞去工作自己单干很重要的推动力，要知道他当时的工作十分成功，老板也很好。

那已经是10年前的事了，而现在的格伦在新的事业中也发展得越来越好。事实证明，他还有一个想要改变方向的理由。格伦与他向狄格思提到的那位人力资源顾问结婚了……这也是一件很厉害的事。

通过这本书，我们想说的是，真正的影响力是一种真实地展示自己作为个体及专业人士的方式，而不是在那计较衡量各种长期短期的利益得失。因为对这一原则的坚信，约翰·罗林守住了自己的基业，狄格思·毕肖普也留下了正直的名声。而他们对于通过让位来施加影响的方式，丝毫不迟疑恐惧。

要做到这些并不容易，因为这意味着要将自我推到一边。不过通过在对的时间优雅地退到一旁，事实上你的影响力也会得到增长和扩张。因为人们会敬佩你的正直和无私，更加愿意追随你的未来目标。

讲到未来目标，当你面临某个要放手的节点，还有几件事是你需要思考的。约翰·格伦，美国第一位绕地球轨道航行的宇航员，之后当上了美国的参议员。约翰·格里沙姆（John Grisham）在成为畅销小说作家之前，也曾是一名成功的律师。而摩西奶奶（Grandma Moses），全球最知名的艺术家之一，曾经在一家农场工作直到退休，之后才拿起画笔。

所以如果到了你要跟某种好的结果告别的时候，你可以这么想：也许你正在打开通往下一卓越成果的大门。

我们前面讲过麦克·克里特利，必能宝公司特别能鼓舞人心的首席执行官。到麦克退休时，依然没有停止鼓舞他人。他启动了一个全新项目，因为新的激情而始终充满活力，他投入激励各行各业未来领导者的事业中。

最近，麦克制作了一部名为《玉汝于成》（From the Rough）的电影，根据田纳西州立大学的卡塔娜·斯达克斯（Catana Starks）的真实故事改编。斯达克斯在1988年担任田纳西州立大学游泳队的教练，根据教育法修正案第九条的相关规定，校务委员会要解散一些运动队，重新组建新的社团。

游泳队被解散，斯达克斯突然发现自己失业了。于是她申请担任新组成的男子高尔夫队教练，并得到了这一工作机会。作为一名非洲裔美国女性，也是第一位执掌大学男子高尔夫球队的女性教练，她面临着巨大的挑战，但辉煌的成果足以证明她克服了这些挑战。斯达克斯从世界各地招募了一批资质不是很好的年轻人，并带领他们在PGA（美国职业高尔夫球员协会）举办的全美大学生联赛中创下辉煌纪录。

麦克并非刻意追求这一目标，但他做到了，因为他希望通过卡塔娜·斯达克斯的故事鼓舞成千上万的人挑战常规，做到看似不可能的事情。而在退休之后，麦克依然通过放大自己的正向影响力，不断地鼓舞他人的精神。

➡ **有用的洞察**

你觉得，你能取得多少好的成果？

➡ **操作步骤**

如果你是一名部门负责人或首席执行官，邀请你身边重要的人与你一同坐下，让他们尽情设想你所在的团队或公司未来三到五年可能取得的最大成就。跟他们一块头脑风暴，想一想你们能做哪些事情实现成功。鼓励他们（以及你自己）尽可能忘记小我，更多地思考如果是别的人面临你的处境，对方会需要做哪些事情。

从个人生活和职业发展两个方向思考他们的个人路径。他们想做什么，他们还能学点什么、做点什么，以及他们还有哪些可能性？找到一种方式，与他们一同探索这些问题。

第十八章　从"我错了"到"我错在哪里"

> 真正的领导者会公开谈论自己遭受过的失败。他们从不隐藏，因为他们知道过往的失败教训正是最好的学习经验。
>
> ——罗伯特·菲斯克，首席执行官顾问

在一个理想的世界里，我们都能成为理想的自己。我们不会有任何愚蠢的行为，不会说任何伤害他人的话语，不会盲目行动口不择言，或者做不符合道德的任何事情。

当然，这个世界并不存在。我们所有人都会有搞砸的时候——有时甚至后果相当严重。为了弥补损失，我们需要学着如何在做了错事之后让事情重回正轨。

这比你花一年又一年的时间实践各种非联结型影响力，要重要得多。套路操纵他人，可能会造成对他人的伤害，他人也会回报以愤怒，进而对你的个人口碑和情感关系造成永久的损害，除非你能采取行动去做一些改变。

这可不是件简单的事，第一步也是最难的一步：直面你的错误。下面讲的这个故事主人公，就有这样勇于面对错误的勇气。

■ 明智地闭嘴

约翰曾经辅导过一位叫史蒂夫的高管，史蒂夫以前总喜欢用嘲讽和尖酸的所谓幽默指出他人想法中的不足，并强势灌输自己的想法。他的这种毒舌经常惹得他人哈哈大笑，他自己并不认为有何不妥，但是他的团队看到了。

匿名访谈结果显示，史蒂夫的同事和其他向他直接汇报的人都反感他的这种行为，但是又不想过多抱怨以免显得自己很玻璃心。被他毒舌吐槽的人经常都很尴尬，有些人会觉得不舒服，并小心翼翼尽量避免成为他下一次的吐槽目标。史蒂夫的行为伤害了他与大家的情感，也让与他一块工作的人工作积极性不高，这其实会让他所在的公司付出越来越大的代价。

当约翰把同事们的反馈告诉史蒂夫，他接受了。他以前没有意识到自己的行为可能造成这样的伤害，但他内心深处是想改变这种行为的。不过他又有些纠结，因为在他说那些话时他并没有办法意识到自己是在挖苦嘲讽，话说出口时伤害已经造成，也就为时已晚。

史蒂夫请求几个关键人员的帮助，并坦诚告诉对方他想改变。这是很好的第一步，不过他需要展示自己的决心，并找到能持续改变的方式。

于是史蒂夫和那几个人开始商量具体的策略。一旦那几个人看到他开始说嘲讽的话或者让他人下不了台，他们就会悄悄给他信号。

这一招奏效了。每当史蒂夫开始讲令人尴尬的话，在办公室的另一边的帮手们就会挠肩膀或者挠手臂。史蒂夫看到信号之后就会立刻闭嘴，不再讲下去。

"这已经成了我们的内部笑话，"史蒂夫说，"我不再取笑别人，然后我自己成了开玩笑的对象。开会时我也请求大家帮助我，不要让我成为一个混蛋。他们就像棒球比赛中的教练，给我信号告诉我下一步应当击打哪个球。想一想，这个类比相当靠谱。他们通过张开双臂提醒我不被三振出局，并且还让我能够辅助他人来到得分位置。"

史蒂夫坦然接受自己的问题，并且愿意主动承担自身行为的后果，这种积极应对、寻求他人帮助的精神有了很大的回报。尽管他是在寻求他人帮助，但他寻求帮助的方式，又反过来赢得了一些他人的好感。而当他真正开始改变，这种回报就更为可观。

"一开始，我得到了很多的短打信号，"史蒂夫大笑着说,"我看到好多发痒的手臂。但幸运的是,大家逐渐意识到我是真的想要改变,所以他们愿意帮助我,而我也逐渐意识到需要三思而后说并后行,尤其是当自己的言语行为可能给他人造成不必要的困扰时。"

史蒂夫得以修复自己的商业关系——即便是在他持续多年的胡作非为之后——因为他有勇气叫停自己,不再从个人立场出发(我是迫不得已的,我可是一个机灵鬼),而是对团队感同身受(史蒂夫是一个混蛋)。他让"教练们"在他即将三振出局时给他信号,其实也是一样的道理。

史蒂夫能扭转乾坤,还有一个很大的原因:他有勇气直面自己犯下的错误。

我们往往羞于这么做,往往会逃避,因为我们会过多地处于一种防备状态,或者不想让别人觉得自己太老实坦诚,从而不愿承认那些自己曾经做过的傻事——但那些傻事不过证明我们就是一个正常人而已。正如我们下一个故事要讲到的,哪怕是最聪明伟大的人,有时也需要做一些弥补和完善。

■ 英雄的弱点

盖斯·李(Gus Lee)最近刚刚卸任美国西点军校性格发展委员中心主任。在职业生涯的早期,盖斯曾是一名伞兵教官,也曾在步兵团服役，后面又成了一名军队律师。他曾获得过两枚优秀服役勋章和一枚陆军嘉奖奖章。盖斯曾在美国驻韩部队服役两期。他还曾经作为美国参议院服役军官道德调查委员会的法律顾问，并写过数本畅销著作。

盖斯还曾担任过很多公务单位或私人企业的领导职位，还曾三次成为企业道德经营的吹哨人。盖斯曾为了抗议不道德行为选择从董事会辞职，也曾因为坚持维护道德准则而被解雇。

他的一生是硕果累累的一生。但盖斯很少谈论自己的成绩。相反，他经常会写下以及谈论自己的过错。

在他还是西点军校的一名军校学员时，盖斯的导师是诺曼·施瓦茨科夫（在海湾战争中以摧枯拉朽之势获胜后，诺曼成了全世界知名的将军）。有一次，施瓦茨科夫因为他的聪明幽默和魅力，把他叫出列。"我把55个全副武装的学员交给你，他们全部听你的指挥，你对他们负责，"他对盖斯说，"你准备好了吗？"盖斯知道自己并没有准备好，于是他提出要寻求帮助。

施瓦茨科夫告诉盖斯，以他丰富的人生经验来看，盖斯的表现令他惊喜。这名鼎鼎大名的军队统帅告诉盖斯，直面自己的缺点并袒露自身弱点，是做人和做领导的关键。然后他给盖斯讲了自己曾经的苦痛挣扎和不安全感。他用亲身经历让盖斯知道，理解自身的软弱，是找到一个人力量的开始。

盖斯的另一个人生榜样就是他的妻子戴安娜，戴安娜同时也是《勇气：领导力核心》一书的合著者。别的不说，戴安娜凭一己之力改变了盖斯和他父亲之间糟糕的关系。盖斯的父亲是一个性格暴躁很难对付的人。盖斯说:"父亲为戴安娜的人格力量折服。随着相处的时间越来越久,父亲为自己没有赢得戴安娜的敬重而感到羞愧,不过戴安娜其实给了他无条件的关心爱护。父亲想要得到戴安娜的认同。他想让她刮目相看。于是他放下了自己的愤怒,不再纠结。孩子们也开始愿意跟他亲近,整个家庭氛围完全改观。"

最关键的改变是有一天,盖斯因为五岁的儿子没有及时收起玩具而对他大吼。盖斯说,正当他不住谩骂指责时,他脑海里突然蹦出另一个画面。他看着五岁的儿子,仿佛看到了自己;他看着妻子和女儿脸上焦急担心的表情,仿佛看到了曾经的母亲和姐妹。他看着自己,仿佛看到了曾经暴怒的父亲。

盖斯说那一刻,他的人生彻底改变了。他抱起儿子,把他圈进自己怀中。他知道他必须改变。他也知道自己的脆弱和强烈的恐惧感会是阻碍自己改变的拦路虎。但他内心深处不想变得像愤怒而病态的父亲那样,这正是他一直以来极力抗拒的,于是他开始接受治疗,而这的确帮到了他。

从那时起,他说,他对待一切人或事的方式和态度彻底改变了。就像他父亲最终放下自己的愤怒一样,他也学着面对自己的恐惧,并不再执着。他开始用一种不同的视角看待自己的行为,比如胆怯,比如愤怒时的情绪发泄,比如因琐屑小事对着孩子大发雷霆。在用心感受这一人生的转折点后,他称自己为"康复了的胆小鬼"。

盖斯改变了他的行为。他开始对家人们感同身受，透过他们的视角去感知自身言行。另外，在情绪激动的某个时刻，他还保持着清醒，能够看到自己做的一切其实是懦夫行为。通过直面现实，他展示了真正的勇气。

■ 重量级道歉

正如盖斯的故事告诉我们的，哪怕是英雄也会有不好的行为。而让他们跟普通人区分开来的，是他们足够勇敢，且足够谦逊，从而能够补偿那些曾经被他们伤害过的人。

而我们称之为"重量级道歉"的一种方式，是做到这一切最有效的方式之一。这一方法远远不止说一句"对不起"，哪怕是最大最严重的伤害，也能通过这种方式治愈。

重量级道歉法分为四步：

- 条分缕析说出你做过的错事或者没能做到的事情，然后说："对不起，我错了。"
- 描述你的过错对另一个人可能造成的伤害。比如："我知道我让你失望了，你也很难再信任我、尊重我。我想需要时间才能重新赢回你的信任和尊重。"
- 表明你的决心，承诺以后绝不会再犯同样的错误。

- 问对方你还能做些什么来弥补错误（不仅仅是道歉），然后按对方说的做。绝大部分时候，人们都不会真的让你做什么，因为你的道歉已经将他们的负面感受抵消了大半。

当你试图与曾被你伤害过的人重建联系，你也可以先好好回想一下，为何当初会犯那样的错误。正如雅培医用光学公司总裁兼雅培实验室副总裁吉姆·马佐（Jim Mazzo）告诉我们的一样，真正的影响力从来都不是在负面事件中徘徊不前。相反，它的本质是要从错误中学习。

"我是一个棒球运动员，"吉姆说，"我打棒球打了几千个小时。我遇到过的最厉害的教练，每当发现我一个错误，他就会让我一遍一遍重复那个错误，直到我弄明白为何那样做行不通为止。这个过程会把错误一步一步分解，比如，在反复试错之后我就对哪些击打方式行不通了如指掌。"

最后，他说："你先了解，然后内化。这样你就会对哪些事情不能做越来越清晰，对于做错事情的感受也异常深刻，从而就能尽量避免，而不只是说'真的吗？我真的是那么做的吗？'。"

所以不要去掩饰你的错误。相反，正如乔伊·戈尔德说的那样，你要深入其中。分解每一个错误，思考为何会把事情搞砸。如果你自己想不明白，那就询问身边的人，到底是哪里做错了。如果你光凭自己还不足以改变坏习惯，那就像史蒂夫那样：找到你的教练——可以是你的同事、伴侣或者小孩——让他们在你可能犯错三振出局时，及时向你发送信号。

尽管犯错是人的天性，并不是什么不可原谅的事（只要你能妥善善后），但如果能避免犯错肯定是更聪明的做法。我们采访过的另一个很有影响力的人物就曾给过我们一个绝佳建议：什么都不做。

更具体一点说，万大卫（David Wan）是哈佛商业出版社的首席执行官，他就曾谈过抽出时间反思自己哪些事情做对了，哪些事情做错了，以及如何才能将事情做得更好，是一件特别重要的事情。如果你不把这件事排入日程，他说，那很可能就会无限期搁置——直至再也不会出现在你脑海。

万大卫平时的工作生活十分忙碌，但他找到了自我反思的最佳时间段：乘坐飞机时。比如说，在他飞往中国时，他就会身子后仰然后问自己：我们作为一家公司做得怎么样？我们的管理者们做得怎么样？然后他会问自己一个最关键的问题：我做得怎么样？我是否还能做点不一样的事情让结果更好？

他说："我经常会回过头去看自己曾经做过的决定，就像放电影一样，在脑海里回顾一遍。事情的进程是怎样的？我是否还能做得更好一些？"这个过程中，他总能想到一些改进的空间——比如说，可以更早地让其他人参与到决策过程中来。

大卫说："现在的航线都着急引入 Wi-Fi，但对我而言没有

Wi-Fi 其实是更好的！因为这样就能让我有一段完整的空闲时间，没有其他打扰和分心的事情，可以用来反思和复盘，思考另外的可能性并做出选择。"

➡ 有用的洞察

是人就会犯错……发自内心地坦承错误，负起责任，并决意拨乱反正。

➡ 操作步骤

我们的朋友巴瑞·博格雷尔是一名商业咨询顾问，帮助全球很多企业实现了积极正向的转变，他常用的一种方式就是"专心致志的对话"。在会议中，他会要求团队成员公开做这样的宣告："我答应你……"这是改变大家思维的一种有力方式，因为它会让说话的人对事情负起责任来，从而不那么容易找借口或推诿责任。所以我们希望你这样做：

思考你想要改变的行为，然后告诉你的朋友、同事，或家人，"我答应你……"然后让对方帮助你践行这一诺言。

想想你的生命中有哪段人际关系是因为你做了某些事而遭受到了损害。联系那个被你伤害过的人，并按照"重量级道歉"法真诚道歉。

第十九章　心怀感恩，才能向外影响

> 有时，我们自身的光芒会逐渐暗淡，但是又会被他人的火花重新点亮。我们每个人都应当带着深切的感激，去怀念那些曾点亮过我们内心火焰的人。
>
> ——阿尔伯特·史怀哲，诺贝尔和平奖得主

不久以前，马克有一段不太寻常的经历。作为一名精神科医生，帮助他人化解过往的负面情绪对他而言早就是稀松平常之事，但这次他却感觉很不好受。"是缓慢积累起来的，"他说，"每天早晨，我的头脑都是清晰、敏锐和乐观向上的。但是当这一天结束，我拖着疲惫的身体回家，就有一种迷失的感觉——无论身体还是心理，都有一种困惑、遗憾、提不起劲的感觉。"

马克自忖这是不是上了年纪的缘故，抑或是抑郁，或是其他

更糟糕的原因。但直觉告诉他，应该还有别的可能。终于，在又一天的疲惫消磨之后，他找到了答案。

"我意识到，"他说，"每天，几乎在每一场我与他人的对话中，我面对的都是一些对生活或者他人极度失望又或者是对自己极度失望的人。而我的倾听方式，需要让他人感觉到被我'理解'，那么每天行将结束时，我的内心都会充满与他人感同身受而来的沮丧、失望、伤害、愤怒以及恐惧。"

马克意识到，如果他对自己的感受消极负面，就无法对他人有正向的影响。除此之外，他也知道要解决这个问题，无法依靠外界力量。只能靠他自己。

所以他做了一件很简单的事：他坐下来，把所有生命中让他心怀感激的人都罗列了出来——尤其是那些在他自我怀疑时仍然相信他，那些在他无法为自己说话时但还是替他撑腰的人。在他列完长长的清单后，他想起了那些人曾给过他的关爱，内心满溢感激之情，那些让他沮丧的人和事一扫而空。

马克能够快速诊断和克服自己的问题，是因为他本身就是心理医生，他见过其他深陷同样困境的人。那些人付出了一切，人生却还是有各种不如意。所以他们最终也开始用一种消极的方式回应生活，变得冷漠、茫然、愤怒或者失望。而世界回报给他们的便是更多的冷漠、茫然、愤怒和失望。

只有感激能打破这一恶性循环，而且能够立竿见影。打破恶性循环之后，进而形成欣赏和感激的正向循环。每经历一次正向感激循环，都将加速内心的善念回旋加速器。我们在本书前面的章节，提到过向他人表示感谢是一种很能打动人心的礼物。除此之外，其实也是给自己的一份礼物。当你这么做时，你不仅仅是自我感觉更好。你还会发现自己对身边的人的影响力更为显著且正向，而他们又会将这种正向的影响力再度往外传递。

事实上，感激是我们采访这么多影响力巨大的人物的过程中，听得最多的一个主题。他们一遍遍地用不同的方式给我们讲述那些曾经支持他们、替他们撑腰、关心爱护他们的人。下面是一些他们曾经分享过的故事。

■ 好市多首席执行官的成功秘诀

前段时间，马克在《纽约时报》上读到一篇对吉姆·辛尼格（Jim Sinegal）倍加赞扬的文章。吉姆是全球领先会员连锁超市暨美国最大零售商之一好市多（Costco）的首席执行官。马克也给吉姆发了一条信息，表示对他在好市多经营上所取得成就的祝贺和认可，并询问自己是否能以吉姆为对象写一篇文章，发表在另一本刊物上。

吉姆给马克回了电话，不过让马克意外的是，吉姆打电话过来是为了表示他很郁闷。

吉姆表示《纽约时报》上的那篇文章让他很不开心，因为对他过誉了。他认为真正的功劳应该给索尔·普莱斯（Sol

Price），也就是普莱斯会员店创始人。普莱斯会员店可以说是好市多的前身。吉姆内心笃信，好市多的成功应当归功于索尔，因为索尔相信他，给了他机会，并自始至终支持他。

吉姆没有常青藤名校的背景。他觉得自己以前就是一个潜在"少年犯"，如果不是索尔·普莱斯作为他的精神导师，他很可能就走上了歧路。

索尔是仓储零售门店会员体系概念的提出者，吉姆从他那里学到的东西，远远不止如何经营一家公司。他在索尔身上，学会了如何重视每一个人——从客户到员工到分销商到股东。吉姆明白如果你能抓住每一个机会，那么你未必需要把人当工具一样利用。

1995年，好市多与普莱斯会员店合并，并继承了索尔·普莱斯"精益求精"的精神。索尔的精神在吉姆身上得到了传承，吉姆自成立之初就一直担任好市多董事，并继续发扬索尔的正向影响力。

总的来说，吉姆说："感激是正确态度的关键。首先，你需要对自己有机会向你无比尊敬的人学习、观察他的所作所为，并同他一起工作心存感激。这种尊敬和感激会让你仔细思考每一个重要的决定，并问自己'如果是他或她，在这种情况下会是怎样的反应？'。绝大多数时候，这个问题都将引导你找到正确的答案。通过做正确的选择和做对的事情，你其实就是在向自己的导师致敬。"

正如吉姆·辛尼格所说："感激才是对的态度。"因为它会激励你用行动改善人际关系和提升个人口碑。而在人生艰难的时刻，积极地把注意力放在值得感激的事情上更为至关重要。

之前，我们已经谈论过如何在逆境之下发挥影响力。在逆境之中，感激也是你强有力的伙伴，因为当你专注在值得感恩的人或事上，你就不会有太多时间去想那些差错或不顺的事情，而是会更多地思及生命中美好和顺的东西。而这种态度会自然而然地吸引他人靠近，而非让人避之唯恐不及。

比尔·柴尔兹（Bill Childs）是一位曾经帮助建立洛克希德最早医疗信息系统的一名技术带头人，他给我们讲了一个案例。

比尔如今已经71岁，在我们跟他交谈之前，刚看完医生回来，并被告知他的手掌和手腕都需要做手术。他从奥兰多的一辆巴士下车，但司机忘记放车梯。结果当他踏脚出去，下面却没有踩到梯子，随即一头摔倒在水泥地面上。比尔摔得很重，手腕骨折，手骨摔成了50多块小碎骨。

尽管如此，在他跟我们交谈的过程中，比尔仍然显得很乐观开心。他跟我们说的全都是他如何幸运——幸好他没有受更重的伤，幸运的是他拥有这么长久且收获满满的事业，幸运的是他拥有50年的高质量婚姻，幸运的是他有能力帮助他人，幸运的是他还有更多时间持续帮助别人。

到我们的访谈行将结束，一番交谈下来，我们只觉得备受鼓舞和轻松。我们内心也同样充满感激，比尔亲身示范感激是如何正向积极且强大地影响他人——哪怕事情并没有按照我们的计划进行。

■ 肯·布兰佳的精神偶像

肯·布兰佳（Ken Blanchard）是当今最有影响力的管理学大师和咨询顾问之一。他出版了超过30本畅销书，其中最有名的莫过于《一分钟经理人》，目前已售出超过1300万本，并被翻译成37种语言。下面要讲的故事，是一位离开了他和妻子玛吉的人：

> 1985年，我收到莫罗出版社社长拉里·休的电话，他问我是否考虑与诺曼·文森特·皮尔（Norman Vincent Peale）一起写一本书。我一开始的反应是："他还活着吗？"我父母在我出生之前，就会去皮尔的教堂。拉里说："是的，他是一个不可思议的神人，还有他的妻子也是。"于是，那个夏天我飞去纽约，并与诺曼、露丝和拉里吃了一顿3个小时的午餐。玛吉那次没能赶上。
>
> 曾经有个朋友向我们建议，如果打算跟某人一块工作，那么需要考虑两件事情：本质和形式。本质的意思是心和心的靠近，以及价值观和价值观的契合。形式则意味着"你打

算怎么做事情？"在那天三个小时的午餐中，诺曼和露丝几乎没有谈论任何形式的东西。我们讲的全部都是核心——他们是怎样的人，以及我和玛吉是怎样的人。

我一开始想写一本有关正向领导力的书。但拉里·休认为，当前美国极其需要一本有关道德伦理的好书。在午餐会的最后，诺曼问了露丝一个终极核心的问题："露丝，我们应当跟这个年轻人写一本书吗？（当时我才46岁，而他们比我年长40岁）"露丝的回答是："当然，不过只有一个条件。那就是从现在开始，以后无论我们何时见面，请确保玛吉也会出席。我们四个人一起努力。"

从诺曼和露丝身上，我们学到了太多足以改变一生的东西。

首先，他们让我们看到，两个人结婚之后，成为一致行动的队友是多么的重要。我们观察到，他们两个人各自有自己擅长的东西，并且从来不会刻意告诉另一半应该怎么做事。跟我们夫妻很像，露丝也是那个负责执行落地的人，而诺曼通常负责出主意。

每天早上，诺曼和露丝都会一起走上3公里，两个人手牵手散步，但途中从不说话。他们把这叫作"一起独处的时间"。所以在婚后共处协作这件事上，他们是我们绝佳的榜样。

其次，在他们身上我们看到，如果你能始终保持幽默和积极的人生态度，那么随着年岁渐长，人会变得越加可爱！他们两个太可爱了。我们现在也在慢慢变老，但我们也在努力让自己变得可爱。

再次，他们让我们看到何为强大的学习动机。每天早晨，他们都迫不及待地起床，因为他们永远期待新的一天即将学到的新东西。

最后也是最重要的一点，他们让我们看到了灵性的强大。跟诺曼、露丝刚认识时，我和玛吉都不相信灵性，但通过他们各种爱的行为，我们也开始关注自身的精神世界。如今灵性活动已成为我们日常生活中很重要的一部分。

1995年的平安夜，诺曼在睡梦中安然去世，露丝也活到了101岁的高龄。在人生的最后，两个人仍然都是充满生气的样子，且能淡然面对死亡。

我可能以前并没有告诉诺曼，他对我是多么的重要，尽管每次和他谈话，我都会在言行中表现出这一点。不过我确实曾经写过一本有关灵性之旅的书，在书里我表达了对诺曼引领我精神成长的深切感激。我是在1995年的12月22日写完的初稿，那时候诺曼已经病得很严重了。我连夜把书送了过去。露丝在12月24日把书送到诺曼手上，并说："诺曼，看看肯给你送来了什么。他专门写了一本书来致敬你。"露丝说这些话时，诺曼的灵魂可能已经离开身体，但她坚信诺曼听到了。那天晚上，诺曼与世长辞。

对肯和玛吉而言,与皮尔的相处是他们人生中的转折点,促使他们在自我训练和领导力发展方面,扩充对精神世界的探索。所以,他们能够在更深的层面击中成千上万人的灵魂,在这一过程中,他们也始终表达着对诺曼和露丝的感激之情。

跟吉姆·辛尼格和肯·布兰佳一样,很多其他的影响力大佬都很热诚地同我们分享,那些曾经帮助他们发展事业以及让他们成为更好的人的故事。这些故事深深地打动了我们,除此之外也对我们产生了更大影响:他们分享的故事,也让我们对同我们分享的人本身有了更多的感恩。

有意思的是,这背后甚至是有科学依据的。这叫作镜像效应。科学家们已经研究发现,人类大脑是存在镜像神经元的——一种能让我们回应他人行为和情绪的神经元,好似我们自己也经历了同样的事情和情绪。

所以,当你表达自己内心的感激——无论你是直接对某个人表示感谢还是谈论某位曾经帮助过你的人——听你说话的人也会感受到更强烈的感激之情。而这也会让你们两人之间,立刻生出一种更加强烈的感情联系。

所以如果你想进一步扩大自己的影响力,那么请尽可能地表达你内心的感激。你要走出去感谢那些曾经帮助过你的人,给别人讲他们具体的善意举动。你要养成一个每天感恩的习惯。不要把你的注意力都放在对伤害你的人义愤填膺上,而是要更多地感激那些支持你帮助你的人。如果你发现自己陷入了某种恶性循环，那么一定要积极采取行动，努力形成全新的感激正循环。

→ **有用的洞察**

你可以选择是感激还是失望。选择权在你。

→ **操作步骤**

本周结束以前，至少对两个人表达你的感激，并告诉他们为何感激。

下次感觉自己在工作或生活中被负面情绪吞没时，立刻回想三个让你心存感激的人，并在心里回想他们曾为你做过的事情。

图书在版编目（CIP）数据

影响力的底层逻辑：如何让别人信任你、喜欢你、帮助你 / (英) 马克·郭士顿, (英) 约翰·厄尔曼著；谢幕娟译. -- 北京：九州出版社, 2023.9
ISBN 978-7-5225-1984-5

Ⅰ.①影… Ⅱ.①马… ②约… ③谢… Ⅲ.①人际关系学 Ⅳ.①C912.11

中国国家版本馆CIP数据核字(2023)第128655号

REAL INFLUENCE:PERSUADE WITHOUT PUSHING AND GAIN WITHOUT GIVING IN
by MARK GOULSTON AND JOHN ULLMEN,FOREWORD BY KEITH FERRAZZI.
Copyright © 2013 BY MARK GOULSTON AND JOHN ULLMEN
This edition arranged with HarperCollins Leadership
through Big Apple Agency, Inc.,Labuan, Malaysia.

著作权合同登记号：图字01-2023-3426

影响力的底层逻辑：如何让别人信任你、喜欢你、帮助你

作　　者	［英］马克·郭士顿　［英］约翰·厄尔曼 著　谢幕娟 译
责任编辑	陈丹青
出版发行	九州出版社
地　　址	北京市西城区阜外大街甲35号（100037）
发行电话	（010）68992190/3/5/6
网　　址	www.jiuzhoupress.com
印　　刷	天津中印联印务有限公司
开　　本	889毫米×1194毫米　32开
印　　张	9
字　　数	181千字
版　　次	2023年9月第1版
印　　次	2024年3月第1次印刷
书　　号	ISBN 978-7-5225-1984-5
定　　价	55.00元

★ 版权所有　侵权必究 ★